엥겔스와 인간 사회의 기원

책갈피

"Engels and the Origins of Human Society" - Chris Harman
Published 1994 by *International Socialism*
ⓒ *International Socialism*

Korean translation edition ⓒ 2025 by Chaekgalpi Publishing Co.
*International Socialism*과 맺은 협약에 따라 이 책의 한국어 판권은 책갈피 출판사에 있습니다.

엥겔스와 인간 사회의 기원

크리스 하먼 지음 | 황정규 옮김

엥겔스와 인간 사회의 기원

지은이 | 크리스 하먼
옮긴이 | 황정규
펴낸곳 | 도서출판 책갈피 | 등록 | 1992년 2월 14일(제2014-000019호)
주소 | 서울 성동구 무학봉15길 12 2층 | 전화 | 02) 2265-6354
팩스 | 02) 2265-6395 | 이메일 | bookmarx@naver.com
홈페이지 | http://chaekgalpi.com | 페이스북 | http://facebook.com/chaekgalpi | 인스타그램 | http://instagram.com/chaekgalpi_books

첫 번째 찍은 날 2025년 7월 31일

값 10,000원
ISBN 978-89-7966-278-8

잘못된 책은 바꿔 드립니다.

차례

머리말   **7**

1장 인류의 기원에 대한 주장   **12**
엥겔스의 주장에 대한 현재적 평가 | 확증된 기록: 우리의 친척 | 우리의 조상들 | 인간은 피투성이의 종인가? | 두뇌, 문화, 언어, 의식 | 관념론의 새로운 도전 | 노동과 지성의 변증법 | 풀리지 않은 문제들

2장 계급과 국가의 기원   **68**
원시공산주의 | 최초의 농경민 | 최초의 위계 | 농업의 기원들 | 최초의 계급사회들 | 계급은 어떻게 시작했나

3장 여성 억압의 기원   **137**
사소한 오류들 | 엥겔스의 주장 재검토 | 계급, 국가, 여성 억압 | 결론

후주   **172**
찾아보기   **200**

일러두기

1. 인명과 지명 등의 외래어는 최대한 외래어 표기법에 맞춰 표기했다.
2. 《 》 부호는 책과 잡지를 나타내고, 〈 〉 부호는 신문, 주간지를 나타낸다. 논문은 " "로 나타냈다.
3. 본문에서 [ ]는 옮긴이나 편집자가 독자의 이해를 돕거나 문맥을 매끄럽게 하려고 덧붙인 것이다. 인용문에서 지은이가 덧붙인 것은 [─ 지은이]로 표기했다.
4. 본문의 각주는 옮긴이나 편집자가 독자의 이해를 돕기 위해 넣은 것이다.
5. 원문에서 이탤릭체로 강조한 부분은 고딕체로 나타냈다.

머리말

 사회주의를 옹호하는 주장은 항상 인류의 기원과 사회제도의 기원에 대한 논의와 뒤얽혀 있다. 사회주의자들은 인간이 다른 인간을 착취하는 것, 억압적 국가의 존재, 핵가족 안에서 여성이 남성에게 종속돼 있는 것을 인간 역사의 산물로 본다. 사회주의에 반대하는 사람들은 그것들을 인간 본성의 결과물로 본다.

 마르크스와 엥겔스가 자신들의 생각을 처음 정식화하면서, 인류가 자신을 둘러싼 세계와 어떻게 관계 맺는지에 대해 완전히 새로운 이해를 발전시킨 것은 이 때문이다.

 여기에는 이런 관계를 바라보는 다음의 두 가지 주

된 방식을 거부하는 것이 포함됐다. 하나는 인류를 신의 의지에 종속되고 동물의 세계와는 완전히 분리돼 있는 반#신성의 존재로 보는 **관념론**이다. 또 다른 하나는 인간을 외부 세계의 자극에 그저 반응만하거나(오늘날에는 일반적으로 "행태주의"라고 지칭된다) 특정 방식으로 행동하도록 생물학적으로 프로그램된(오늘날에는 "사회생물학"이라고 불린다) 기계나 동물과 다름없다고 보는 **조야한 유물론**이다.¹

마르크스와 엥겔스는 1845~1846년에 쓴 《독일 이데올로기》와 "포이어바흐에 관한 테제"에서 자신들만의 견해를 처음 제시했다.

그들은 인류를 자연적·생물학적 세계의 산물로, 역사를 자연사의 일부로 봤다. 그러나 또한 인간의 특수한 성격이, 자신들을 만들어 온 환경에 반작용하고 이 과정에서 환경과 인간 자신을 모두 변화시킬 수 있는 능력에 있다고 봤다. 마르크스와 엥겔스가 자신들의 생각을 처음 정식화했을 당시에는 자연사와 인간 역사에 대한 지식이 모두 여전히 매우 제한돼 있었다. 초기 인류(네안데르탈인)의 화석은 1856년이 돼서야 발견됐다. 다윈의 《종의 기원》은 1859년이 돼서야 출간됐으며, 《인간의 유래》는 1871년이 돼서야 출간됐다. 미국인 학자 루이스 헨리 모건이 가족과 국가의 진화를 선구적으로 설명한 《고대사회》를 출간한 것은 1877년이었다.

엥겔스는 이런 과학적 진보에 의존해 자신과 마르크스의 초기 통찰을 확대했다. 그는 두 가지 중요한 저작에서 이런 작업을 했는데, 하나는 "유인원이 인간이 되는 과정에서 노동이 한 역할"(1876년 저술)이며[2] 다른 하나는 《가족, 사적 소유, 국가의 기원》(1884년 출간)이다.[3] 두 저작에는 인류가 어떻게 현대와 같은 삶을 살게 됐는지('인간 본성'과 인간의 제도들이 어디서 생겨났는지)에 대해 역사유물론의 창시자들이 내린 가장 포괄적인 평가가 담겨 있다. 이런 이유로, 마르크스주의의 타당성과 엥겔스의 명성에 대한 공격들이 자주 이 저작들, 특히 《가족, 사적 소유, 국가의 기원》에 집중돼 왔다. 물론 지난 세기 동안의 과학적 진보 때문에 엥겔스가 사용한 자료들의 일부는 낡은 것이 됐다. 그는 멘델의 유전 이론이 발견되기 전에,[4] 가장 이른 시기의 호미니드* 화석이 아프리카에서 발견되기 전에, 문자가 등장하기 전의 사회들에 대한 연구가 유아기 수준일 때에 저술 활동을 했다. 그러나 그의 저작들은 여전히 엄청난 적절성을 보유하고 있다. 그는 기계적이지 않은 유물론적 — 그리고 관념론과 행태주의·사회생물학이라는 끔찍한 쌍둥이에 계속 도전하는 — 방법론을 적용했다.

따라서 낡은 것은 체로 거르고 그 속에 있는 유효한 것들은 옹호하면서 두 저작에 담긴 엥겔스의 주장을 살펴보는 것은 의미 있는 일이다. 이것이 내가 시도하고자 하는 것으로, 우선 "유인원이 인간이 되는 과정에서 노동이 한 역할"에 있는 인간의 진화에 대한 엥겔스의 평가를, 다음에는 《가족, 사적 소유, 국가의 기원》의 계급과 국가의 등장에 대한 그의 설명을 살펴보겠

---

* 호미니드(Hominid) 지은이는 이 용어를 현생 인류와 그 직계 조상을 가리키는 개념으로 사용했다. 이는 이 책의 원문이 발표된 1990년대까지 학계에서 널리 인정되던 분류법이다. 나중에 21세기로 넘어오면서 분류법이 크게 바뀌어서, 호미니드(사람과)는 침팬지와 고릴라까지 거대 유인원 전체를 일컫는 것으로 의미가 넓어졌다.

다. 그리고 마지막으로 같은 저작에 있는 여성 억압에 대한 설명을 살펴보겠다. 각각의 경우에서, 나는 이 문제들과 관련해 가장 중요하면서도 더 최근에 나온 몇 가지 자료들을 거론함으로써 엥겔스의 주장 안에 있는 간극과 불일치를 다룰 것이다.

1장 인류의 기원에 대한 주장

엥겔스는 인류의 기원에 대한 평가를 몇 단락에 걸쳐 개략적으로 설명했다. 그것은 아주 약간만 손질해 전재할 가치가 있다.

수십만 년 전, 아직은 확정할 수 없[으나 지질학자들이 지질 제3기라고 일컫]는 시기에 … 열대지방의 어딘가에 … 한 유인원족이 살고 있었다. … 우리의 조상들은 … 나무 위에서 무리를 지어 살았다.

이 유인원들은 평지에서 걸어 다닐 때 손의 도움을 받는 습관을 버리게 되고 점차 직립보행이 몸에 배기 시작했다. 이리하여 유인원이 인간으로 이행하는 결정적 일보가 내딛어졌다. …

이는 다른 다양한 기능이 점점 더 손의 몫이 돼 갔다는 것을 전제하는 것이다. … 우리의 조상들이 … 점차 손을 적응시켜 배우게 된 작업들은 처음에는 아주 단순한 것일 수밖에 없었다. … 그러나 결정적 일보가 이뤄져 있는 상태다. 손이 **자유로워졌고**, 그리하여 이제 훨씬 더 많은 재주를 획득할 수 있게 됐다.

노동에 손을 사용하는 것은 다른 효과도 낳았다.

유인원에 가까운 우리의 조상들은 군집 생활을 했다. … 노동의 발달은 사회 성원들을 긴밀하게 결합시키는 데 필연적으로 기여했는데, 노동의 발달로 인해 상호 원조와 모두가 참여하는 공동 작업이 증가하고 이런 공동 작업이 유리하다는 의식이 모든 개인에게 뚜렷해졌기 때문이다.

형성돼 가고 있던 인간들은 서로에게 **뭔가 말할 것이 있**는 단계에 도달했다. 욕구가 그 기관을 창조했다. 유인원의 발전하지 못한 후두는 더 발전된 변조를 끊임없이 만들어 내는 변조에 의해 느리지만 확실하게 변혁돼 갔고, 구강 기관들은 분절음을 하나하나 발음하는 것을 점차 배워 나갔다.

이와 나란히, 두뇌의 필연적 발전이 이뤄졌다. "두뇌와 그에 수반된 지각의 발전, 점점 더 명확해지는 의식, 추상력과 추리력의 발전에 노동과 언어능력이 가하는 반작용은 노동과 언어능력 양자가 가일층 발달할 새로운 충격을 계속 줬다." 전체적으로 보면,

나무를 기어오르는 원숭이 무리에서 인간 사회가 출현하기까지는 분명히 수십만 년 … 이 흘렀다. 그리고 그것은 마침내 등장했다. 그렇다면 우리는 원숭이 무리와 인간 사회 사이의 특징적 차이로서 무엇을 다시 발견하게 되는가? **노동**이다.

그렇다면 엥겔스는 인류의 진화를 몇 가지 상호 연관된 단계들을 거치는 것으로 보는 입장이다. 두 발 보행, 도구의 제작과 사용, 손의 발달, 사교 행위, 두뇌와

언어의 발달, 자연에 대한 더 큰 통제력, 더 많은 사고 행위, 두뇌와 언어의 더 큰 발달. 이런 그의 평가는 다윈의 앞선 저작에 의존하는 것이었으며, 이런 요소들 하나하나는 다윈이 언급한 것이었다. 그러나 엥겔스는 이 단계들의 순서를 바꿨는데, 이는 매우 중요한 것이었다.

다윈은 두뇌 크기와 지능의 성장이 두 발 보행으로의 이행과 손을 사용한 도구 제작 이전에 일어났다고 추측했다. 엥겔스는 일련의 사건들이 반대의 순서로 일어났을 것이라고 주장했다. 즉, 바로 손이 자유로워진 덕분에, 유인원들 사이에서는 상상할 수 없었던 규모로 협력적 노동이 가능해졌으며 이로부터 두뇌의 발전이 나왔다는 것이다. 고고학자인 브루스 트리거가 말하는 것처럼,

다윈은 … 합리적 사고야말로 문화적 변화를 일으키는 우월한 원동력이라고 본 당시의 관념적·종교적·철학적 사고방식에 도전하기를 꺼리는 분위기에 갇혀 있었다. 따라서 인류의 진화를 논하면서 … 두뇌가 먼저 발전하

고 그것이 도구의 사용을 낳았다고 봤다.[5]

이와 대조적으로,

엥겔스는 땅 위에서의 생활양식이 점점 더 … 도구를 더 많이 사용하도록 조장했다고 주장했다. 이것이 두 발 보행과 손재주뿐 아니라 … 더 복잡한 분업에 유리한 자연선택이 일어나게 했다. 도구의 제작, 그리고 생산 활동을 더 잘 조정하기 위한 언어능력의 발전이 유인원의 두뇌가 현생 인류의 그것으로 점차 변화하도록 이끌었다.

이 일련의 단계에 대한 다윈의 시각이 거의 한 세기 동안 인류 기원에 대한 연구를 지배했다. 이런 시각은 유인원과 인류 사이의 "잃어버린 고리"는* 큰 두뇌를 가졌지만 유인원의 모습을 지녔을 것이라는 믿음으로 이어졌다. 이로 인해 우리의 진화에 대한 연구 전체가

---

* 잃어버린 고리 생물이 원래의 종에서 다른 종으로 진화할 때의 중간 과정을 보여 주는 아직 발견되지 않은 화석.

왜곡된 상태로 남아 있게 됐다. 이것은 역사상 가장 큰 과학적 사기 중 하나(인간의 두개골에 유인원의 아래턱을 붙여 놓은 후, 이것을 우리의 최초 조상 중 하나의 화석인 양 제시한 필트다운 사건)를 50여 년 동안 계속 승인하도록 만들었다. 그리고 레이먼드 다트가 남아프리카에서 유인원을 닮은 두 발 보행 동물의 화석을 발견했지만, 이 발견은 계속 부정당했고 진지하게 받아들여지기까지 30년이 걸렸다. 1974년, 도널드 조핸슨이 유인원 정도 크기의 두뇌와 직립 자세를 지닌 350만 년 전의 온전한 해골을 발견하고 나서야, 다윈의 진화 순서가 최종적으로 거부됐다.[6] 이 이후에야 비로소 고고학자들은 한 벌의 해골이 어떻게 다른 해골로 진화했는지에 대한 설명을 시작할 수 있었다.[7]

엥겔스의 주장에 대한 현재적 평가

한편 엥겔스가 놀랍게도 다윈에 비해 이런 점에서 옳았다면, 그의 평가 중 나머지 부분도 모두 타당할

까? 우리는 오늘날 엥겔스의 시대보다 훨씬 더 많은 지식을 가지고 있다. 그러나 이 지식들을 하나로 맞추는 데에는 여전히 수많은 문제들이 존재한다.

우리와 유사한 유인원과 초기 인류 조상들에 대한 물리적 지식은 대부분 다양한 뼛조각, 이따금 발견되는 이빨, 한때 도구로 사용됐을 수도 아닐 수도 있는 돌조각의 발견에 의존한다. 이런 증거를 이용해 인류의 기원을 연구하는 학자들은 골격 전체는 어땠을지, 한때 이 골격을 덮었을 신경과 근육의 진짜 모습은 어땠을지, 그 화석이 속해 있던 동물군의 지적 능력은 어느 정도였을지, 그들은 어떻게 먹고살았고, 그들이 살던 사회적 맥락은 어땠을지를 추측하고자 노력해야 한다. 영국의 주요한 고고학자인 크리스 스트링어가 말했듯이,

인류 진화의 영역은 버림받은 조상들과* 그들을 따라 폐

---

* 버림받은 조상 과거에는 인류의 조상으로 여겨졌으나 새로운 발견이나 분석으로 더는 인류의 조상으로 인정되지 않는 종을 뜻한다.

기되는 이론들로 어지럽혀져 있다. … 가장 유능한 연구자들도 여러 시간대와 공간에 드문드문 흩어져 있는 화석 몇 개를 해석하는 것이 얼마나 복잡한지 인식하지 못하고 순진한 해석을 내릴 수 있다. … 결과적으로, 조상과 후손 사이의 연관이 밝혀지고 근본적 가정의 탐구나 새로운 발견으로 이론이 하나하나 발전하면, 진화에 관한 건축물 전체가 완전히 무너져 내릴 수도 있다.[8]

예를 들자면, 1970년대 말까지는 과거 80만 년 동안 4번의 빙하기가 있었을 것이라고 추측됐다. 이제는 최소한 8번이 있었을 것이라고 믿는다.[9] 또한 20년 전까지는 거대 유인원에서 우리 조상들의 분리가 1500만 년 전 라마피테쿠스라고 알려진 유인원의 등장과 함께 일어났을 것이라고 일반적으로 인정됐다. 이제는 대개 이 분리가 아프리카 동남부에서 300만~400만 년 전 살았던 "남南유인원"인 오스트랄로피테쿠스의 진화와 함께 발생했을 것이라고 간주된다.[10]

신뢰할 만한 정보가 부족하기 때문에 긍정하거나 부정할 만한 사실적 근거도 없이 과거에 일어났을 것처럼 보이는 일에 대해 정교한 억측을 만들어 내기가 매우 쉽다(러디어드 키플링이 거의 한 세기 전 아이들을 위해 쓴 《아빠가 들려주는 신기한 이야기》의* 현대판이라 할 만하다). 인류 진화를 다루는 각양각색의 저술가들은 "그리고, 그래서, 아마도 우리는 어떤 유인원이 나무에서 내려온 이유를 ○○할 필요성으로 설명할 수 있을 것이다"라는 식의 가설을 세운다. 한두 문단 뒤에 "아마도"라는 말은 사라지고, ○○은 인류의 기원이 된다.

이런 방법론은 사회생물학자들의 고유한 인증 마크다.[11] 그러나 매우 훌륭한 이론가들 일부도 종종 여기에 빠지곤 한다.[12] 이것은 마르크스주의자들이 거부해야 하는 방법론이다. 우리는 이야기를 위한 이야기에는 관심이 없다. 그래서 나는 우리가 확실히 아는 것에 집중하고자 할 것이다.

---

* 《아빠가 들려주는 신기한 이야기》(Just So Stories) 키플링이 1902년에 쓴 우화집. 동물들이 각각의 특징을 갖게 된 이유를 설명하는 내용으로, 이를테면 낙타는 인간을 위해 일하기를 거부한 죄로 벌을 받아 등에 혹을 갖게 됐다는 식이다.

확증된 기록: 우리의 친척

침팬지, 피그미침팬지(보노보),[13] 고릴라가[14] 우리의 가장 가까운 친척들이라는 점은 대체로 인정받고 있다. 유전물질을 연구해 보니, 우리가 400만~700만 년 전의 동일한 조상에서 나왔으며, 서로 다른 방향으로 진화가 진행된 후인 오늘날에도 여전히 인간과 침팬지가 공통된 유전자를 97.5퍼센트나 지니고 있다고 한다. 유전학적으로 "인간과 침팬지는 말과 당나귀, 고양이와 사자, 개와 여우보다 더 가까운 관계다."[15]

이것은 모든 부류의 관념론자들에게 여전히 불편한 사실이며, 인류 역사는 자연사의 일부라는 마르크스의 시각을 확증해 준다. 그러나 우리가 단지 "털 없는 유인원"일 뿐이며 사회의 모든 결함은 우리가 물려받은 포유류의 유전 구성 탓으로 돌릴 수 있다고 주장하는 현대의 기계적 유물론자들도 빈번히 이 점에 주목한다. 인류의 기원에 대한 인기 있는 평가 중 하나는 다음과 같이 말한다.

위계는 사회성이 있는 모든 동물이 가지고 있는 제도이며, 다른 동료들을 지배하려는 충동은 300만~400만 년 전부터 존재해 온 본능이다. … 인간의 소유욕은 인류 자체보다도 수백 배나 더 오래된 동물의 본능이다. … 민족주의의 뿌리를 확실히 파헤치고자 한다면 우리의 친척인 거의 모든 종의 영장류에게서 보이는 사회적 세력범위를 보면 된다. … 출세주의는 개코원숭이·갈까마귀·대구·인간에게서 똑같이 나타나는 특징으로, 동물의 본능에 부합하는 것이다.[16]

더 세련되다고 하는 사회생물학 문헌은 유전적 진화뿐 아니라 문화적 영향도 고려한다고 주장하지만, 그들도 마찬가지로 "편협성"과 "집단적 공격성"이 유전적으로 결정되는 것이라고 결론 내린다("낯선 이를 두려워하는 반응, 사회적 활동의 초기 단계에 집단을 이루려는 경향, 연속적 집단을 집단 내부와 집단 외부로 이분하려는 지적 경향").[17]

이런 입장에서 보면, 마르크스주의는 심각한 오류(현대사회의 혐오스러운 사건들의 유전적 기반을 보지 못하고 그 대신 "사회 환경"을 탓하는 "낭만적 오류")에 의거하고 있으며,[18] 여기서 마르크스주의의 "핵심 오류"는 "인간 본성이 상대적으로 비구조화돼 있으며 대개 혹은 전적으로 외부의 사회경제적 힘의 산물이라고 생각하는 데 있다."[19]

그러나 사실 오류는 바로, 우리가 유인원의 행동에서 인간의 행동에 새겨져 있는 유전적 기반을 읽어 낼 수 있다고 보는 "털 없는 유인원" 주장이 범했다. 이 주장은 우리를 우리의 가장 가까운 사촌들과 구분해 주는, 인간의 유전적 구성 가운데 가장 중요한 특징을 무시한다. 유인원은 제한된 범위의 환경에 적합한 행동을 하도록 유전적으로 프로그램돼 있어서, 자신들에게 주어진 협소한 방식대로 행동한다. 반면에 우리는 행동이 엄청나게 유연하다는 특징이 있으며, 따라서 사실상 동물세계에서 유일하게 지구 어느 곳에서든지 번성할 수 있다. 이는 우리와 현존하는 유인원들 사이에 존재하는 근본적 차이다. 그렇기 때문에 고릴라는 열대우림 밖에서는 볼 수 없으며, 침팬지는 아프리카 사하라사막 이남의 삼림지대, 긴팔원숭이는 동남아시아의 나무 꼭대기, 오랑우탄은 인도네시아 몇몇 섬 밖에서는 볼 수 없다. 이와 달리 인간은 아프리카·유럽·아시아의 광대한 지역에서 적어도 50만 년 동안 살아올 수 있었다. 우리의 유전적 "특별함"을 정확히 이야기하자면, 바로 뭔가에 특화되지 않고 본능적 행동이라는 제한된 범위에 전혀 속박받지 않는다는 점에 있다.

더 나아가, "털 없는 유인원"이란 시각은 유인원의 행동을 매우 단순화한 모델에 의존한다. 1930년대 런던 동물원의 우리 안에서 생활하는 침팬지를 연구한 솔리 주커먼의 유명한 설명처럼 1960년대까지 유인원에 대한 거의 모든 연구는 동물원 안에서 이뤄졌다. 그 연구들은 개코원숭이 연구에 토대를 둔 상당히 느슨한 행동 모델에 유인원들을 끼워 맞췄다(개코원숭이가 원숭이에 속하고 모든 유인원과 전혀 상이한 유전적 차이들을 지니는데도 말이다). 유인원들은 거의 완전히 채식만을 하고, 학습 능력이 거의 없으며, 상상력을 아무리 동원해도 문화라고 부를 만한 것이 없는 것으로 보였다. 무엇보다, 유인원들은 공격성을 타고났고, 수컷은 암컷을 차지하기 위한 지속적이고 폭력적인 성적 경쟁에 참여하며, 가장 공격성이 뛰어난 "우두머리 수컷"이 강요하는 "지배" 서열에 의해서만 질서가 유지되는 것으로 보였다.

지난 30년간 야생에서 이뤄진 침팬지·피그미침팬지·고릴라 연구들이 이런 모델에 도전했다.[20] 동물원 우리 안에서의 생활에서 유인원의 행동에 대한 결론을 내는 것이 다트무어 교도소 안의 장기 수감자에 대한 사례 연구를 통해 인간의 행동에 대한 결론을 끌어내는 것만큼이나 타당성이 없다는 것이다.[21] 주요 결론들은 다음과 같다.

첫째, 침팬지와 피그미침팬지는 생각보다 훨씬 더 사회적이다. 공격적 대결이 우호적 교류보다 훨씬 드물게 일어난다. 대부분의 공격적 대결은 폭력 없이 해결된다.[22]

둘째, 수컷들은 암컷들을 지배하기 위해 지속적이고 모질게 경쟁하지 않는다. "열대초원의 개코원숭이와는 다르게, 침팬지 무리에서 서열이 높은 수컷은 다른 수컷이 암컷에게 친절하게 대하는 것에 상대적으로 관대하다. 난교가 자연스런 질서다."[23] "질투나 공격성의 증후가 일반적으로 거의 없다." 암컷은 성적 접촉을 많이 시도하며, 수컷이 암컷과 특별한 관계를 맺고자 한다면, 암컷의 협력이 필수적이다.[24]

셋째, 침팬지나 고릴라 사이에 '지배'가 하는 역할이 과거엔 지나치게 과장됐다. 침팬지 사이의, 그리고 고릴라 사이의 모든 활동에 대한 단일한 서열은 없으며, '지배'는 보통 지배라기보다는 우리가 지도라고 부르는 것과 더 가까운 것으로 보인다.[25]

넷째, 학습되고 사회적으로 전수된 행동이 생각보다 훨씬 더 많이 존재하며, 원시적 도구도 훨씬 더 많이 사용한다. 침팬지는 견과류를 깨기 위해 돌을 사용하고, 구멍 속에 있는 흰개미를 모으기 위해 막대기를 사용하고, 액체를 떠서 마시기 위해 나뭇잎을 스펀지처럼 사용한다.

다섯째, 침팬지는 완전히 채식만 하는 것은 아니다. 기회가 있을 때에는 작은 동물(예를 들어 작은 원숭이)을 사냥하며, 채식이 아닌 먹이원에서 음식물의 10퍼센트를 얻는다. 그리고 사냥은 사회적 활동이다. 일부 침팬지들은 원숭이를 몰고, 다른 침팬지들은 매복해 기다리다가 그 원숭이를 죽인다.

여섯째, 유인원들은 먹이를 먹을 때, 개체들끼리 경쟁하는 행동을 하지 않는다. 한 침팬지가 좋은 먹이원(예를 들어 먹을 수 있는 새싹이 많이 달린 수풀)을 찾으면 다른 침팬지들에게 알린다. 그리고 침팬지들은 식물성 먹잇감은 개별적으로 먹더라도(어린 새끼를 먹이는 어미는 예외지만), 고기는 서로 나눠 먹는다.[26] 반면 피그미침팬지는 일부 식물성 먹이도 나눠 먹는다.

일곱째, 소통의 초보적 형태가 유인원들 사이에서 중요한 역할을 한다. 몸짓을 이용해 주의를 끌 뿐 아니라 특정한 의도(피그미침팬지 암컷이 자신이 원하는 교미 방식을 수컷에게 알릴 때처럼)를 표시한다.[27] 그리고 위험이나 풍부한 먹이원에 대한 신호를 보내는 등 상이한 목적을 위해 여러 음역이 이용된다.

여덟째, 유인원의 사회적 행동은 각각 종의 무리마다 다양하며, 이는 그것이 본능적이고 유전적으로 프로그램된 요소들뿐 아니라 그들이 살고 있는 자연환경과 그들이 이를 극복하기 위해 학습으로 갖게 된 기술들에도 의존한다는 것을 보여 준다.

이런 결과는 대부분 침팬지와 고릴라보다는 피그미침팬지에서 더 두드러진다. 먹이를 더 많이 나눠 먹고, 암컷이 성적 행동을 먼저 시작하는 경우가 더 많다. 그리고 암컷 집단이 무리를 결속하는 데서 중요한 역할을 하는 경향이 있기 때문에, 사회적 상호작용에 대한 '개코원숭이'식 지배 모델과 다른 점이 더 많다.[28]

이것은 "피그미침팬지가 유인원과 인간 사이 '잃어버린 고리'의 특징에 대한 많은 단서를 제공한다"는 제언을 낳았다.[29] 어쨌든 야생에서 유인원, 특히 피그미침팬지에게서 얻은 증거들은 유인원이 선천적으로 공격적이고 경쟁적인 행동을 한다는 통상의 이미지에 도전한다. 또한 이것은 특정한 조건에서는 우리가 보통 인간만의 유일한 행동 형태들이라고 생각한 요소들이 어떻게 인간의 가장 가까운 친척들 사이에서 나타나는지, 그리고 어떻게 400만 년 이전의 우리의 공통된 조상들 사이에서도 나타나기 시작했는지를 보여 준다.

우리의 조상들

우리는 우리의 조상인 유인원과 초기 인간(호미니드)에 대해 확실히 아는 것이 거의 없다. 그러나 우리가 알게 된 내용은 오스트랄로피테쿠스("남南유인원"을 뜻함)속屬의 동물이 두 발 보행을 택하게 됐음을 가리키는 것으로 보인다.[30] 이들은 다른 대부분의 면에서는 인간보다 유인원에 더 가까웠다. 두뇌는 385~500세제곱센티미터로 여전히 침팬지 두뇌 크기 내외였으며 도구를 만들었다는 명백한 증거는 없다.[31] 따라서 이들은 인간이 아니라 유인원으로 분류된다.

최초의 인류[32] 화석은 200만~250만 년 전의 것이다. 두뇌는 대체로 오스트랄로피테쿠스속이나 침팬지의 두뇌보다 (50퍼센트까지) 더 크다.[33] 이 종은 호모하빌리스("손재주가 있는 사람")라고 불렸다. 그 이유는 이 화석이 동아프리카의 올두바이 협곡에서 처음 발견됐을 때, 그 옆에 석기가 놓여 있었기 때문이다. 현대의 거대 유인원들이 압도적으로 채식을 하는 것에 비해, 호모하빌리스는 이빨 형태를 봤을 때 고기와 식물이

섞인 잡식을 했을 것으로 보인다.

약 160만 년 전에 살았고 두뇌가 훨씬 더 커진 인류 — 일반적으로 호모에렉투스("직립원인")라는 이름이 붙은 새로운 종 — 가 아프리카에서 발견됐다. 이들은 곧 아프리카부터 유라시아 대륙까지 퍼져 나갔다. 다음 100만 년 동안 두뇌 크기는 계속 커져서 1000세제곱센티미터 정도(지금 인간의 평균보다는 작지만 현대 인류의 두뇌에 버금갈 정도로 커진 수준)에 도달했다. 이 시점에는 이빨이 고기 섭취에 적응했음이 명백하다. 이는 식물성 먹잇감의 채집과 함께 사냥이 이뤄졌음을 보여 준다. 석기는 작업에 따라 (일반적으로 아슐 문화기 공작이라고 언급되는) 규격에 맞춘 형태(주먹도끼, 가로날도끼, 긁개 등)를 갖추게 됐다. 그리고 중요한 점은 (오스트랄로피테쿠스속과 거대 유인원의 경우 수컷이 암컷보다 두 배나 더 큰 것과는 다르게) 수컷이 암컷에 비해 평균 20퍼센트 정도밖에 더 크지 않게 됐다는 것이다. 이는 포식자에 맞서 방어하려면 어떤 수컷 하나의 육체적 용맹함보다는 각 집단 안에서의 협력과 도구를 무기로 사용하는 것에 훨씬 더 의존했어야 함을 가리킨다.

약 50만 년 전부터, 현생 인류처럼 거대한 두뇌(어떤 경우에는 우리보다 더 컸다)와 두껍지 않은 두개골을 가진 다양한 유형의 인류가 아프리카·유럽·아시아 전역에서 나타났다. 이들은 가장 이른 시기의 인간종種으로 '초기 호모사피엔스'라고 불린다. 이들 중 가장 잘 알려진 인류가 네안데르탈인으로 유럽과 일부 중동 지역에서 15만 년 전부터 3만 5000년 전까지 살았다.

마지막으로, 해부학적 현생 인류(대개 호모사피엔스사피엔스로 알려짐)는 아프리카와 어쩌면 중동에서 20만~10만 년 전 진화해 나온 것으로 보인다.[34] 현생 인류는 4만 년 전에 아프리카·아시아·유럽 전역으로 퍼져 나갔으며 오스트레일리아에 처음 상륙했다. 그리고 늦어도 1만 2000년 전에는 동북아시아에서 아메리카로 건너갔을 것이다.[35]

현생 인류와 네안데르탈인 사이의 관계에 관한 논쟁이 오랫동안 있었다. 140년 전 최초의 네안데르탈인 해골이 발견됐을 때, 그것은 유인원의 "짐승 같은" 특징을 지니고 있어서 우리보다 훨씬 더 원시적인 종을 대표하는 것으로 여겨졌다(따라서 일상 언어에서 "네안데르탈인 같다"고 하는 것은 짐승 같다거나 야만적이라는 뜻이다). 40년 전까지도 이들은 진화상의 막다른 골목("빙하기 유럽의 더 추운 지방에서 진화했다가 멸종한 인류 유형"[36])이라고 생각됐다. 그 후 지성의 추錘가 반대 방향으로 진동했다. 이제 네안데르탈인의 큰 두뇌와 우리의 두뇌 사이의 유사성이 강조됐다.

오늘날 추는 다시 적어도 일정 부분 반대 방향으로 진동했다. 가장 널리 인정되는 견해에 따르면, 현생 인류는 대개 아프리카에서 살았던 것으로 밝혀진 호모 에렉투스의 한 집단에서 비롯했으며, '고대 인류'와 완전히 분리된 계통으로 진화했다. 그러나 여전히 적어도 고대 인류 일부와 우리 자신 사이에 어떤 연속성이 있다고 보는 이들은 이 '아프리카 기원'설에 크게 저항하고 있다.[37] 증거가 부족하기 때문에 이 논의는 끝까지 전혀 해결되지 않을지도 모른다.[38] 그리고 순수한 과학적 견지에서 이 논쟁이 얼마나 중요하든지 간에, 그 자체로는 현생 인류의 본성을 이해하는 데는 그다지 중요하지 않다.[39]

인간은 피투성이의 종인가?

"털 없는 유인원" 이론의 상당수는 우리의 조상이 다른 종과 그리고 같은 종의 다른 집단과 끊임없이 피튀기는 싸움을 해 왔다는 가정에 기반을 두고 있다. 가령 로버트 아드리는 "인간이 유인원을 바탕으로 출현했다고 한다면, 그것은 오직 한 가지 이유에서였다. 즉 인간은 살인자였다"고 주장한다.[40] 이로부터, 살인은 우리의 유전자에 내장돼 있으며 문명이라는 기제에 의해 겨우겨우 억제된다는 결론이 나오게 된다. 레이먼드 다트가 최초의 오스트랄로피테쿠스속 화석을 발견한 후 발전시킨 초기 인류 진화에 관한 사고가 이런 시각을 조장했다. 그는 자신이 발견한 뼈가 유인원에서 벗어난 우리 초기 조상들의 진화에서 사냥이 중요한 요인이었으며 "유인원에서 포식자 인간으로의 이행"이 일어났음을 보여 준다고 주장했다.[41] 여전히 일부에서는 이런 시각들이 퍼져 있다. 그러나 이를 정당화하기 위해 열거된 증거들 상당수가 의심을 받았다. 다트가 발견한 뼈 무더기는 십중팔구 인간이 사냥한 결과물이 아니었다. 우리와 가장 가까운 사촌들, 특히 보노보는 그다지 공격적이지 않다. 그리고 앞으로 확인하겠지만, 우리의 조상들이 1만 년 전 살았던 사회와 유사한 방식으로 현재까지 살아남은 사회에서는 전쟁이 존재하지 않고 채식이 육식보다 더 많은 영양을 공급해 왔다.

그렇지만 '아프리카 기원'설에 대한 해석 하나가 '피투성이' 명제를 뒷받침하곤 한다. 이것은 유전학자들이 우리의 어떤 유전자가 10만~20만 년 전 아프리카에서 살았던 한 여성[미토콘드리아 이브]으로부터 비롯했음을 입증했다는 주장에 기대고 있다. 이에 따르면, 지금의 인류는 그녀로부터 시작됐으며, 그녀의 후손들은 아프리카에서 나와 "전 세계에 퍼져 있던 고대의 토착 인류를 … 돌연히 폭력적 방식으로 대체했다."[42] 이것의 의미는 현생 인류가 원시시대에 자신들과 많이 닮은 인간들을 상대로 인종 학살을 자행했으며 이것은 우리의 본성 안에 뿌리 깊게 박혀 있는 호전적 특징을 보여 준다는 것이다.

그러나 이 주장은 모두 유전자가 할 수 있는 일과 이 유전자를 가진 사람이 할 수 있는 일에 대해 초보적 혼동을 범하고 있다. 모든 개인은 적어도 한 쌍의 유전자를 지니는데, 각각 유전적으로 한 부분은 어머니에게서, 다른 부분은 아버지에게서 전달받은 특징을 지닌다.[43] 그러나 양쪽의 유전자는 개인의 신체 구성에 반드시 동등한 영향을 주는 것은 아니며, 때론 한 유전자가 다른 편의 유전자를 완전히 가로막아 '우성'이 될 수 있다. 그러면서도 각각은 그 개인의 후손들에게 전달될 동등한 기회를 지닌다. 따라서 부모 중 한쪽이 푸른 눈을 갖고 다른 쪽은 갈색 눈을 가진 경우 아이는 갈색 눈을 가질 수 있지만, 여전히 이 아이는 자기 아이들에게 푸른 눈을 물려줄 수 있다.

진화는 새로운 형태의 유전자가 나타나서 개체의 물리적 특징들을 변화시키고 이를 통해 그 개체가 번식해 생존할 수 있는 기회를 증가시킬 수 있을 때 발생한다. 궁극적으로 이 새로운 형태의 유전자는 옛것을 완전히 대체할 것이다. 그러나 그러는 동안(매우 긴 시간이 될 수도 있다) 연이은 세대의 개체들이 새것과 옛것의 유전자를 모두 전달할 수 있으며, 일부 개체는 새로운 특징들을 보이면서도 자신의 후손 일부에게 옛 특징을 지닌 유전자들을 전달할 수도 있다. 마찬가지로 새로운 특징을 보이는 개체들이 자신들의 후손 일부에게 옛 특징을 지닌 특정 유전자를 전달할 수 있다. 새로운 유전자가 우세하게 된다면, 그것은 대개 공통의 조상(그 유전자의 최초 보유자)을 가지면서도 수많은 다른 조상도 가진 사람들 사이에서 일어나는 일이다.[44] 따라서 현생 인류가 아프리카에서 기원했다는 것은 우리 모두에게 하나의, 단 하나의 먼 여성 조상이 있고 그녀의 후손들이 다른 모든 인류를 일소했다는 것을 의미하지 않는다. 되레 이는 우리가 적어도 한 명의 공통된 조상과 다른 많은 조상들을 가지고 있다는 것을 의미한다.

아프리카에서 살았던 공통의 조상을 제기하는 첫 유전적 조사를 한 것이 앨런 윌슨이다. 그는 확실히 그녀가 우리가 진화해 온 단 하나의 원천이라고 믿지 않았다. 그의 동료 두 명이 그가 죽은 후 간략하게 기술했듯이 "그런 해석은 유전자들의 이동과 소멸을 개체군의 그것과 혼동했다. 이브가 최초이면서 동시에 유일한 여성이었음을 시사하는 근거는 없다."[45]

'단일 기원' 학파의 가장 저명한 구성원 중 한 사람인 크리스 스트링어는 "네안데르탈인과 현생 인류인 호모사피엔스가 공존했을 것으로 추정되는 몇천 년 동안, 광범위한 유전자 유출입이 양 집단 사이에 일어났을 수도 있다"는 것을 인정한다.[46] 1987년 열린 인류 기원에 관한 학술 대회에서는 "초기 호모사피엔스와 현생 호모사피엔스 사이에 중대한 형태학적 차이가 존재하지만, 이 두 집단 사이의 교배, 즉 국지적 연속성을 배제할 수는 없다는 합의"가 이뤄졌다.[47] 이런 가능성은 두 집단이 특정 지역에서 수천 년간 공존했고 (반드시 함께 산 것은 아니지만) 같은 장소들에서 살았으며 유사한 도구들을 사용했다는 사실에 의해 강화됐다.

설사 인류가 네안데르탈인이나 우리 종의 다른 고대 인류와 이종교배를 하지 않았다고 해서, 이로부터 인류가 다른 종들을 폭력으로 제거했다는 결론이 나오는 것은 전혀 아니다. 하나의 동물 개체군이 수천 년 만에 다른 동물을 대체하는 데에 폭력이 필요한 것은 아니다. 단지 한 개체군이 다른 개체군보다 주어진 환경에서 더 성공적으로 생존을 유지하기만 하면 된다. 이것은 자신들의 개체 수를 증가시키고 다른 종이 이용할 수 있는 자원을 소모해 다른 종의 출생률이 더는 사망률을 메우기에 충분하지 않을 정도에 이르게 한다. 현생 인류와 네안데르탈인의 경우, 한 종이 다른 종을 학살하지 않았는데도 어떻게 이런 일이 단 1000년 만에 일어날 수 있었는지를 설명하기 위해 여러 모델이 제시됐다.[48]

두뇌, 문화, 언어, 의식

현생 인류의 정확한 계통에 대한 논의보다 훨씬 더 중요한 다른 문제들이 있으며, 이는 대개 서로 연관돼 있다. 이는 문화와 언어의 기원과 관련돼 있다.

뼈나 돌로 만들어진 도구는 그 자체로는 우리 조상들이 어떻게 살았는지, 얼마나 서로 의사소통했는지, 얼마나 성공적으로 식물성 먹잇감을 채집하고 사냥했는지 말해 주지 않는다. 서로에게 이야기를 들려줬는지, 의례적 행위가 있었는지, 자의식이 있었는지에 대해서도 더더욱 말해 주지 않는다. 두개골의 구조는 두뇌가 어떤 역할을 했는지는 차치하고 어떻게 구성됐는지조차 우리에게 구체적인 것을 알려 주지 않는다. 마찬가지로 우리 조상들이 남긴 석기만으로는 나무나 뼈로 만든 도구(아마도 돌보다는 더 쉽게 모양을 만들 수 있기 때문에 훨씬 널리 이용됐을 것이다)에 대해서도, 동물 가죽과 식물성 소재를 단순히 먹고 체온을 유지하는 데 이용하는 정도가 아니라 장식(상상력이 존재함을 의미할 것이다)을 위해 이용했는지도 전혀 알 수가 없다.

따라서 유골의 주인이 지녔을 신체의 계통학에 대해 서로 대립되는 정교한 추측들이 존재하는 것만큼이나 그들의 정신과 문화의 발전에 대해서도 완전히 상반된 해석들이 존재한다.

여기에는 두 가지 주요 이론이 존재한다. 하나는 문화와 언어가 호미니드 역사의 매우 이른 시기, 늦어도 인간이 생계를 영위하기 위해 협력해 도구를 이용한 시기인 호모하빌리스 시대(200만 년 전)에는 나타났다는 이론이다. 문화, 언어, 두뇌, 인간 지능의 발전은 장구하고 누적적인 과정으로, 200만 년 전 시작돼 10만여 년 전 최초로 온전한 현생 인류가 등장할 때까지 지속됐다는 것이다. 환경을 극복해야 할 필요성과 호미니드 조상이 택한 직립 자세는 각 세대를 거치며 지능과 사회성을 촉진하는 유전자들의 자연선택에 이르게 했다. 낸시 메이크피스 태너는 다음과 같이 썼다.

> 새로운 행동을 효과적으로 실행할 수 있는 더 지능적인 젊은이가 선택에 극히 유리했을 것이다. … (두뇌의) 재조직화가 상당히 급속하게 이뤄졌을 것이다. 그러지 못하고 생식 가능한 연령대 전에 죽은 젊은이들은 자신의 유전자를 전달하지 못했다. 호기심 많고, 유희적이며, 집단의 다른 성원들의 행동에 잘 반응하고, 도구 제작 기술과 환경에 대한 요령을 잘 모방하고, 폭넓고 다양한 사회조직을 인지해 상호작용하는 법을 잘 배우는 젊은이가 선택에 유리했을 것이다.[49]

이런 해석은 대부분 글린 아이작의 저작에서 확립

됐다. 그는 올두바이 협곡의 도구들 옆에서 함께 발견된 동물 뼈 더미는 호모하빌리스가 사냥한 동물을 가져와서 자기들끼리 나눈 '주거지'들의 존재를 가리킨다고 주장했다.[50] 도구 자체도 손재주와 지능이 유인원의 수준을 훨씬 뛰어넘지 않고서는 제작할 수 없었을 것이라고 주장했다. 존 가울릿의 주장에 따르면,

> 우리는 도구 제작이 적어도 200만 년까지 거슬러 올라간다는 것을 안다. … 수백 번 파편을 떼는 과정을 거치면서 … 차례차례 …각 개별 단계는 궁극적 목표에 종속돼 있다. … 하나하나 파편을 쳐서 떼어 내려면, 돌의 깨지는 속성에 대한 판단뿐 아니라 손재주, 손과 눈의 협력이 필요하다. 이것뿐 아니라 파편이 어디로 튈지를 '예견'할 줄 아는 능력도 필요하다.[51]

이런 도구 제작과 지적 발전에 대한 강조와 맞물리는 것이 호모하빌리스의 두개골을 보면 인류와 같은 두뇌 조직을 지니고 있었음이 분명하다는 주장이다. 말할 수 있도록 적응된 영역(브로카 영역과 베르니케

영역)이 최초로 완연히 발달했음을 보여 주는데, "이는 200만~300만 년 전에 이미 생태적 지위에 맞는 적응을 위해 자연선택이 작용하고 있었으며 인지적·사회적 행동이 확실히 주된 초점이었음을 강력하게 시사한다"는 것이다.[52]

이런 시각에 따르면, 200만~300만 년 동안 두뇌가 연이어 커진 것은 소통·인지 기술들에 대한 의존이 증대한 것과 조응한다. 이런 기술들은 많아진 도구 제작 지식의 전달, 협력적 채집과 수렵, 그리고 이런 활동들로부터 성장해 훨씬 치밀해진 사회적 상호작용의 망들에 대처하기 위해 필요했다.

이런 평가를 지지하는 학자들 일부는 이를 뒷받침하는 고고학적 증거가 있다고 주장한다. 즉 호모하빌리스에게서 발견되는 '주거지', 호모에렉투스에게서 보이는 불을 이용한 흔적, '매장 의식 장소', 고대 인류가 얼굴에 황토색 칠을 하거나 오두막을 세운 자취가 있다는 것이다. 이런 증거는 모두 사회생활이 점점 더 복잡해지고 문화의 전수가 더욱 활발해지며 상징을 통한 소통이 증가했음을 가리킨다고 한다. 또 이들이 현생 인류보다는 덜 발달했다 하더라도 어느 정도 유사한 지능과 예술적 상상력을 표현했다고 한다.

이런 인류 진화의 모델이 옳다면, 이것은 엥겔스의 평가가 옳음을 입증해 주는 것이다. 찰스 울프손이 말했듯이, 이는 다음을 의미한다. "엥겔스 이론의 대체적 개요는 현대의 연구로 대부분 확증되며, 이런 점에서 엥겔스의 글은 현재 인류 진화가 밟았을 경로로 생각되는 것에 대한 매우 훌륭한 과학적 예측이다."[53]

관념론의 새로운 도전

그러나 이런 모델은 지난 몇 해 동안 날카로운 도전에 직면했다. 이 도전은 다음의 몇 가지 주장에 의지하고 있다.

우선, 앞선 고고학적 증거의 상당수는 믿을 만한 것이 못 된다. 아이작이 주장한 호모하빌리스의 '주거지'는 침팬지 보금자리의 초기 인류 버전일 뿐이었을 수 있으며, 동물의 뼈들은 사회적으로 조직된 사냥의 결과물이 아니라 다른 육식동물이 남긴 동물의 사체를 개별적으로 가져다 먹은 결과물일 수 있다.[54] 두개골 유해는 그것이 한때 둘러싸고 있었을 두뇌의 형성에 대해 충분히 알려 주지 않아서, 말하는 데 특화된 영역들(브로카 영역과 베르니케 영역)이 존재했는지를 우리가 추론하기는 어렵다.[55] 호모에렉투스가 오두막을 건설했고 초기 호모사피엔스가 장식을 이용했음을 보여 준다고 제시되는 잔해들은 사실 어떤 높은 수준의 문화와도 연관이 없는 매우 다른 방식으로 설명될 수도 있다. 또한 매장 의식의 존재를 보여 주는 것으로 가정되는 매장지는 자연적 사건(예를 들어 당시 거주자들이 살던 동굴 천장의 붕괴)의 결과일 수 있다.[56]

둘째로, 우리가 가진 가장 확실한 증거인 석기 유물들은 호모에렉투스가 살았던 100만 년이라는 긴 시기와 네안데르탈인의 수십만 년의 긴 역사 동안 아주 조금 변화했다. 일부 학자들은 여기서 변화가 있었다는 점이 아니라 훨씬 크고 급속하며 체계적인 진보가 없었다는 점에 주목해야 한다고 주장한다. 약 3만 5000년 전, 현생 인류의 '후기 구석기시대' 문화가 등장하기 전까지 이런 진보는 일어나지 않았다. 그 전까지 인간의 도구 생산은 인간이 아닌 포유류 종 사이에서 벌어지는 것과 질적으로 다를 바가 없었다고 이 학자들은 주장한다.[57] 그리고 그때가 돼서야 우리는 예술적 생산(동굴 벽화)과 의례 행위(매장 의식 등)에 대한 반박할 수 없는 증거를 찾을 수 있다는 것이다.

셋째는 호모에렉투스도 네안데르탈인도 현생 인류가 내는 음역의 일부만 낼 수 있는 후두를 가지고 있었고 따라서 그들은 우리가 현재 쓰고 있는 것과 같은 언어를 사용할 수 없었다는 주장이다.[58]

마지막은 이 모델이 낡은 점진주의적 버전의 진화 이론에 기대고 있다는 주장이다. 점진주의는 개별 유전 변이들이 등장해 선택되는 과정에서 종이 한 번에 조금씩 변화한다는 것인데, 더 최신의 진화 이론은 굴드와 엘드리지가 "단속 진화"라고 부른 것, 즉 유전적 변화가 갑자기 폭발적으로 일어날 가능성을 인정한다.[59]

이런 여러 주장이 끼친 전반적 영향은 "인간 고유의 생활 방식"이 역사적으로 매우 늦은 시기에 등장했고 처음으로 문화와 언어를 만들어 낸 "인간 진화"의 결과물이었다고 보는 풍조를 최근 몇 년 새 조장한 것이다.
이 주장의 최신 설명은 다음과 같다.

> 호모에렉투스의 두뇌 용적은 현생 인류의 두뇌 용적에 매우 가까웠지만, 명백히 인간 문화라고 할 만한 것을 거의 만들어 내지 못했다. 인류의 기원이란 인지 가능한 인간 문화의 시작을 의미한다는 입장을 취한다면, 400만 년에 걸친 호미니드의 역사에서 처음 350만 년은 여전히 선사시대로 간주돼야 한다.[60]
> 가장 중대한 변화들은 호모사피엔스로의 진화 이후에야 일어난 것으로 보인다. 이것조차 해부학적 현생 인류가 호모사피엔스의 초기 변종들을 대체하고 한참 후에 시작됐을 수 있다.[61]

만약 이것이 사실이라면, 엥겔스의 평가는 근본적으로 잘못된 생각이다. 협력적 노동이 아닌 다른 것이 인류의 진화 이면에 있었음이 틀림없다. 그러나 위의 주장은 유물론적 설명으로는 메워질 수 없는 커다란 허점을 가지고 있다.

석기에 대한 증거만 가지고, 문화적 진보가 전혀 일어나지 않았다고 확신할 수는 없다. 돌은 엄혹한 시기에 생존할 수 있게 해 준 중요한 물질이긴 하지만, 그것이 우리의 선행자인 호모하빌리스와 호모에렉투스가 도구를 만들기 위해 사용한 유일한 물질은 결코 아니었다. 그들은 분명히 나무, 뼈, 동물 가죽, 불을 이용해 자신을 둘러싼 환경에 대처했으며, 아마도 동물을 잡기 위한 덫을 놓고 물건을 운반하기 위해 다양한 종류의 끈을 꼬아 쓰는 방법을 발견했을 것이다.[62] 이것들은 모두 그들에게 돌만큼 중요하거나 어쩌면 돌보다 더 중요했을 수 있으며, 후대에 어떤 증거도 남지 않았지만 수없이 다양한 방식으로 이용됐을 수 있다. 더군다나 석기가 느리게 변화했다고 해서 아무런 변화가 없었다고 치부할 수는 없다. 그리고 그 도구들이 지능과 문화의 누적적 발전을 보이지 않는 동물에 의해 만들어졌다고 확실하게 증명하는 것도 아니다.

윌리엄 맥그루가 지적한 것처럼, 호모에렉투스는 물론이고 호모하빌리스가 사용한 도구도 침팬지가 사용한 도구와는 엄청난 차이가 있다.

침팬지는 솜씨 좋은 도구 제작자이자 이용자다. … [그러나] 침팬지에게는 다음의 행동들이 관찰되지 않는다. … 그들은 뗀석기[돌을 깨서 만든 석기]를 만들지 못한다. … 뒤지개[흙을 헤집는 데 쓰는 작대기]를 이용해 식물의 뿌리를 파내지 못한다. … 손이 닿지 않는 열매를 따기 위해 돌팔매질을 하거나 사다리를 이용하지도 못한다.[63]

S T 파커와 K R 깁슨은, 인간의 언어 발달에 관한 [발달심리학자] 피아제의 개념틀을 이용해, 초기 호미니드가 "어린아이 수준에 비견되는 지능과 언어"를 지녔을 것임을 시사하는 증거가 있다고 주장한다.[64] 토머스 윈의 주장에 따르면, 아슐 문화기가 끝날 무렵인 30만 년 전의 초기 인류는 이미 인간 지능의 발달 단계에서 둘째로 높은 단계인 "구체적 조작기"에 도달했다. 즉, 그들은 "주먹도끼를 거의 완벽하게 좌우대칭으로" 만들었고, 이것은 "수정, 특성 보존, 오류 정정 등"의 능력을 가리킨다.[65]

석기는 매우 천천히 변화했다. 이는 그 도구들로도

원래 목적했던 일을 충분히 할 수 있었다는 단순한 이유 때문이었을 수 있다. 마찬가지의 이유로 목수의 기본적 도구들 일부는 고대이집트 시대부터 20세기 초까지 거의 변화하지 않았음을 알 수 있다. 그리고 석기가 천천히 변화했다고 해서, 그것이 만들기 쉬웠다거나 자신들이 무엇을 하고 있는지를 전혀 생각하지 않고 단순히 다른 사람이 하는 것을 모방한 결과였다는 것을 의미하지는 않는다.

분명한 것은 마지막 '고대' 인류와 첫 현생 인류 사이에 엄청난 차이가 존재한다는 주장을 정당화하기 위해 석기를 이용할 수는 없다는 것이다. 두 집단은 수만 년 동안 공존했을 뿐 아니라 서로 문화를 공유하기도 했다. 4만 년 전까지 유럽과 중동의 현생 인류는 네안데르탈인이 쓰던 것과 동일한 종류인 "무스티에 문화기" 도구를 사용했다(애덤 쿠퍼는 "인간 고유의 문화"가 생겨난 것이 2만 5000년에서 3만 5000년밖에 안 됐다는 요즘 유행하는 견해를 받아들이지만 이 점을 인정한다).[66] 반면 3만 5000년 전, 마지막까지 생존해 있던 네안데르탈인도 마찬가지로 이웃한 현생 인류가

쓰던 더 발전된 기술 일부를 배워 사용했다.[67]

심지어 현생 인류가 이 새로운 기술들로 옮겨 간 후에도 변화는 대개 매우 느려서 오랜 기간 동안 "어떤 중요한 기술적 발전도, 에너지를 발생시키는 인간의 능력에서 어떤 의미 있는 증진도 없었다."[68] 현재 프랑스가 위치해 있는 지역을 예로 들어 보면, 3만 5000년 전 '후기 구석기시대' 문화의 도래와 라 마르슈 동굴의 마들렌 문화기 벽화 사이에는 2만 년 정도 되는 시간의 차이가 존재했다. 그리고 이 지역에서 농업기술이 수렵·채집을 대신하기까지는 또 1만 년이 걸렸다.

그렇다면 전체적 그림을 한번 보자. 200만~300만 년 동안 기술이 느리게 발전했고, 20만~15만 년 전에 네안데르탈인과 첫 현생 인류가 등장하면서 가속이 조금 붙었다. 현생 인류의 인구가 증가하고 네안데르탈인의 인구가 감소하던 3만 5000년 전에서 3만 년 전에는 속도가 더 빨라졌다. 1만 5000년 전 동굴 벽화 시기에 더욱 급속한 변화가 일어났다. 1만 년 전에서 5000년 전에 농경의 등장과 함께 매우 급속한 발전이 이뤄졌다. 그리고 지난 1000년간 속도가 엄청나게 빨라졌다.

이는 고대 인류와 현생 인류 사이의 중요한 생물학적 차이가 존재했을 수 있지만, 혁신의 속도가 반드시 이 차이에 의존하지는 않았다는 점을 시사한다. 뭔가 다른 것이 연관돼 있음이 틀림없다.

호모에렉투스와 고대 인류가 현생 인류보다 훨씬 더 제한된 음역을 가지고 있었더라도(일부 고생물학자들은 이런 결론에 이의를 제기한다),[69] 이것이 네안데르탈인과 여타의 고대 인류들에게 언어가 전혀 존재하지 않았다는 의미는 아니다. 이것은 단지 서로 소통할 때 우리만큼 능숙하지 않았다는 것을 의미할 뿐이다. 네안데르탈인의 언어적 제약을 강조하는 시각의 주 대변자인 필립 리버먼이 스스로 쓴 것처럼, "컴퓨터 모델링을 해 보면, 네안데르탈인에게 말이나 언어가 완전히 부재했던 것으로 나타나지 않는다. 그들은 [i], [u], [a]와 연구개음 외에 인간이 발화發話 과정에서 내는 모든 소리를 비음화된 형태로 낼 수 있는 해부학적 조건을 갖추고 있었으며, 아마도 상당히 잘 발달된 언어와 문화를 가지고 있었을 것이다."[70]

마지막으로, 단속 진화가 일어날 수 있다는 주장 그

자체만으로는 정말 문화와 언어가 갑자기 생겨나는 일이 발생했는지 증명할 수 없다. 그리고 이에 반하는 강력한 주장이 하나 있다. 바로 두뇌의 크기에 관한 것이다. 인류의 진화가 수백만 년이라는 시기의 막바지에 이르러 일어난 매우 급속한 변화의 결과라면, 우리는 호모사피엔스의 가장 두드러진 특징(몸에 비해 커다란 우리의 두뇌)이 이때 나타났다고 기대할 수 있을 것이다. 굴드와 엘드리지가 만든 단속 진화 가설의 원래 공식은 사실은 이런 견해를 견지해, 호모에렉투스가 존재했던 100만 년 동안 두뇌 크기가 거의 증가하지 않았을 것이라고 주장했다. 그러나 스트링어가 지적했듯이 이런 시각을 뒷받침하는 "증거는 거의 없다."[71]

이것은 호모사피엔스가 호모에렉투스를 대신하게 된 50만 년 전이나 심지어 해부학적 현생 인류로의 진화 이후인 3만 5000년 전에 "인간 진화"가 갑자기 단번에 완전히 일어났다고 보는 모든 이론에 다음의 한 가지 문제를 남긴다. 왜 후기 호모에렉투스는 오스트랄로피테쿠스속보다 두 배나 큰 두뇌를 지니고 있었고, 네안데르탈인은 현생 인류와 같은 크기의 두뇌를 가지고 있었을까? 이들이 단지 수백만 년 전 조상들 수준의 정신 활동만 할 수 있지는 않았을 것이다.

이와 함께, 100만 년 전의 우리 선조들이 자신들이 처한 환경을 극복하기 위해 함께 협동하고 우리의 유인원 사촌들에게서 발견되는 것보다 질적으로 더 큰 규모로 서로에게 지식을 전달하는 방법을 이미 발전시키지 않았는데도 생존할 수 있었을 것이라고 보는 것은 생각할 수도 없는 일이다. 그 시기 정도면 그들은 이미 자기 종이 출현했던 아프리카의 협곡들에서 나와 유라시아의 많은 지역으로 이주하고 있었다. 이것은 그들이 단지 어떤 제한된 생태적 지위에서만 살 수 있었던 것이 아니라, 각가지 환경을 자신들의 필요에 맞게 순화시키는 능력(새로 접한 식물을 먹을 수 있는지 독이 있는지 식별하는 법, 새로운 종류의 동물을 사냥하는 법, 새로운 포식자에 대항해 자신들을 보호하는 법, 새로운 기후에 대처하는 법 등을 배우는 능력)도 있었음을 보여 준다.

노동과 지성의 변증법

안타깝게도 우리의 선조들 사이에서 사회적 노동(혹은 여타의 행동 형태)이 이뤄졌는지에 대한 직접적인 고고학적 증거는 취약하다. 그러나 정황증거는 압도적으로 많다.

호모에렉투스를 유인원과 구분해 주는 특징들을 보자. 그들은 두 다리로 걸었고, 나무로 도망쳐 포식자로부터 쉽게 벗어날 수 있는 방법을 상실했다. 그들의 새끼가 다 자라기 위해서는 꽤 긴 시간이 걸렸다(그래서 연장자들이 장기간 보호해 줄 필요가 있었다). 그 종의 수컷은 이제 암컷보다 평균 20퍼센트(100퍼센트가 아니라)밖에 더 크지 않았으며, 따라서 방어를 주목적으로 체격이 갖춰진 것이 아니었다. 그들은 송곳니(양쪽에 길고 뾰족하게 나온 치아로, 원숭이나 유인원은 포식자로 예측되는 동물에 위협을 가할 수 있고 작은 동물 먹잇감을 죽일 수 있다)의 크기가 크게 감소하는 과정을 경험했다. 안쪽의 치아(어금니)는 상당수의 육류를 포함하는 식단에 적응된 반면, 씹는 동안 힘들여

갈아 먹어야 하는 식물성 음식 상당수가 식단에서 제외됐다. 손은 새로운 형태로 변화해, 엄지손가락이 작은 물체를 쥐고 다룰 수 있도록 발전했다. 암컷의 성적 흥미가 더는 배란기에 주로 집중되지 않게 됐다. 그리고 우리가 본 것처럼 두뇌 크기가 엄청나게 증가했다.

이런 특징들이 결합된 생명체는 자신이 잃어버린 신체적 특성들을 대체할 수단을 발전시켜야만 생존할 수 있었다. 그들은 유인원의 거대한 송곳니, 나무를 오를 수 있는 능력, 수컷의 거대한 체격을 잃었는데도 자신들의 유인원 사촌들보다 더 오랜 기간 동안 새끼를 보호할 수 있어야만 했다. 그들은 먹이를 갈아 먹는 데 그리 좋지 않은 어금니를 가졌음에도, 유인원들보다 더 다양한 식물을 처리할 수 있어야만 했다. 동물을 스스로 사냥했든 단지 다른 포식자들이 남긴 사체를 찾는 정도였든 간에 동물의 살을 잘라 낼 수 있는 어떤 방법을 찾아야만 했다. 이 모든 것은 보호하고 자르고 파고 채취하고 갈아 먹기 위해 다양한 종류의 가공물을 만들어 사용하는 데 매우 크게 의존했을 것임을 시사한다. 또한 이런 점들은 유인원들 중 가장 사회적인 종에서 볼 수 있는 것보다 훨씬 더 큰 수준의 사회적 조직이 존재했을 것임을 시사한다. 일반 침팬지들에게서 볼 수 있는 한 달 중 며칠에 집중된 열광적 짝짓기가 아니라 양성 간의 지속적 유대를 고취하는 쪽으로 암컷의 섹슈얼리티 패턴이 변화한 것은 아마도 이것으로 설명할 수 있을 것이다. 그러나 필수 기술과 관련된 지식을 전달하고 위와 같은 규모의 사회적 생활과 관련된 엄청난 수준의 사회적 협력에 대처하기 위해서는, 전보다 훨씬 더 높은 수준의 지적 능력이 필요하다. 수천 년 동안 이 생명체는 서로 배우고 서로 소통하며 서로 돌봐 주는 것을 가장 잘할 수 있는 방식으로 유전자가 변화했고, 이로써 생존하고 번식하는 데 이점을 누리게 됐다. 자연선택은 더 크고 밀집되고 복잡한 신경망들이 형성되는 방향으로 진화를 일으켰다. 그리하여 손의 복잡한 운동 기능을 이용해 조작하고 배울 수 있게 만들었고, 몸짓과 목소리의 미세한 변화를 이용해 소통할 수 있게 만들었다.

이런 방식으로 볼 때에만, 왜 우리 종이 이미 3만 5000년 전에 완전히 새로운 다양한 기술을 발전시킬 수 있는 능력을 갖추게 됐는지 설명할 수 있다. 이 설명은 200만 년 간의 점증적 진화 속에 놓여 있는데, 각 단계에서 노동은 숙련된 손의 사용, 더 큰 사회성, 더 큰 두뇌를 촉진했고 또 각 단계에서 숙련된 손의 사용, 더 큰 사회성, 더 큰 두뇌는 더 진전된 형태의 노동을 가능하게 만들었다. 엥겔스가 적절하게 주장한 것처럼, 이 모든 것을 통해 **노동**이 인간 진화의 이야기에서 진정한 잃어버린 고리라는 것을 알 수 있다.

노동은 두뇌에 막대한 영향을 줬다. 도구를 생산하고 이용하는 데서 다른 사람들과 가장 잘 협력할 수 있는 사람들은, 손을 통제하는 운동 기능과 시각·청각을 더 잘 조정하고 같은 무리의 다른 이가 보내는 신호에 더 잘 반응할 수 있도록 두뇌의 구조와 크기가 변화한 사람들이었을 것이다.[72] 생존이 문화에 의존하고 문화에 참여할 수 있는 능력은 사회성, 소통, 능숙한 솜씨, 추론 능력 등의 결합을 촉진하는 유전적 재능에 의존하는 누적적 과정이 곧 진행됐을 것이다.

바로 이 점이 왜 우리의 선조들은 100만여 년 전 그들이 대대로 살던 고향 아프리카를 떠나 매우 다른 기후 조건인 유라시아 대륙으로 이주해 갈 수 있었는지, 그리고 네안데르탈인은 10만 년 이상을 유럽의 빙하기라는 모진 조건에서 생존할 수 있었는지를 설명해 준다. 그들과 우리의 차이가 얼마나 크든 작든 간에, 적어도 문화·언어·지성의 조짐들이 본질적으로 존재하지 않았다면, 그들은 생존할 수 없었을 것이다. 어쨌든 그들은 한 가지 매우 중요한 점에서 우리와 비슷했다. 그들은 자신들을 보호할 만한 다른 것이 전혀 없었다. 몸에 털도 없었고, 도약 속도도 빠르지 않았으며, 날카로운 이빨과 발톱도 없었고, 나무들 속으로 금방 사라질 수 있는 능력도 없었다.

또한 바로 이 점이 인간만의 가장 특별한 특성인 언어와 의식의 발전을 설명해 준다. 다른 동물의 소리나 몸짓과 대조되는 인간 언어만의 구분되는 특징은 우리가 우리 앞에 실제로 존재하지 않는 사물과 상황을 언급하기 위해 말을 사용한다는 점이다. 우리는 우리가 직면한 실재로부터 추상을 하고 다른 실재들을 묘사하기 위해 말을 사용한다. 그리고 일단 우리가 다른 이들에게 이런 행동을 할 수 있다면, 새로운 상황과 새로운 목표를 구상하기 위해 우리의 머릿속에서 이뤄지는 '내면의 담화'를 사용해 우리 자신에게도 이런 행동을 할 수 있다. 이런 일을 할 능력이 단번에 생길 수는 없다. 이것은 우리의 먼 조상들이 수 세대 동안의 실천 속에서, 노동을 통해 눈앞의 실재를 추상하고 변화시키는 법을 배우는 과정에서 성장해 온 것임이 틀림없다. 그들은 단지 눈앞에 직접 존재하는 것이나 자신들이 곧장 원하는 것을 지시하기 위해서뿐 아니라(이것은 일부 동물도 가능하다) 자신들이 뭔가를 어떻게 변화시키기를 원하는지와 다른 이들이 자신들을 어떻게 돕기를 원하는지 지시하기 위해서도 소리와 몸짓을 사용하기 시작했다. 도구의 사용 측면에서, 우리는 유인원에서 초기 인간으로의 중대한 변화가 있었음을 안다. 유인원은 막대기나 돌을 집어 들어 도구로 사용한다. 200만 년 전의 초기 인간은 이미 막대기나 돌을 특정 형태로 만들고 있었을 뿐 아니라 형태를 만들기 위해서도 다른 돌을 이용했고 틀림없이 이것을 어떻게 해야 하는지 서로서로 배웠을 것이다. 이는 눈앞의 사물(음식물)에 관해서만 아니라 눈앞에서 한 단계 멀어진 사물(음식물을 얻을 수 있게 해 주는 도구)와 눈앞의 실제로부터 두 단계 멀어진 사물(음식물을 얻게 해 주는 도구를 만드는 도구)에 관해서도 파악하고 있었음을 의미한다. 그리고 이는 태도로든 소리로든 눈앞의 조건들에서 두 단계 멀어진 사물에 관한 소통(사실상 추상적 명사·형용사·동사의 최초의 이용)도 있었음을 의미한다. 노동의 발전과 소통의 발전은 이와 같이 필연적으로 서로 밀접히 연결돼 있다. 그리고 이 둘이 발전해 감에 따라, 이 둘은 모두 인간이 이것들에 더욱 숙달되도록 만드는 새로운 유전자의 선택을 촉진한다(예를 들어 더 기민한 손, 더 큰 두뇌, 더 넓은 음역대를 만들 수 있는 후두).

이런 발전은 단순히 양적 변화에만 관련된 것이 아니다. 노동의 발전, 사회성의 발전, 언어의 발전이 서로를 강화하면서 새로운 유전자들의 선택을 촉진하자, 새로운 신경세포망이 뇌 속에서 나타나 인간과 인간을 둘러싼 세계 사이의 상호작용이 완전히 새로운 영역에 이르는 걸 가능하게 만들었을 것이다. 이는 호모하빌리스, 호모에렉투스 같은 다양한 종류의 고대 인류가 연속적으로 등장한 것처럼 어떻게 갑자기 새로운 인간 종이 발전해 그 전부터 살던 종과 공존하다가 결국에는 대체하게 됐는지를 설명해 줄지 모른다. 예컨대, 현생 인류가 서로 더 신속하고 명확하게 소통할 수 있었기 때문에 네안데르탈인을 결국 대체하게 된 것인지도 모른다(비록 정말 그랬는지는 십중팔구 확실히 알 수는 없을 것이지만 말이다).

그렇기 때문에 어떻게 양이 질로 변화하고, 연속적 변화를 통해 동물에서 우리가 '인간'이라고 부르는 새로운 생명 형태가 생겨나게 됐는지 인식할 필요가 있다. 이 생명 형태는 자신의 유전자가 아니라 노동과 문화를 통해 형성되는 자체적 동학을 가지게 됐다. 그러나 이런 설명이 문화와 언어를 상당히 가까운 과거에 갑자기 등장한 것으로 보는 새로운 관념론으로 주저앉는 결과로 이어져서는 안 될 것이다. 만약 이런 접근법이 일부 집단에서 유행한다면, 이는 그것이 우리의 기원에 대한 과학적이고 유물론적인 평가를 제공할 수 있어서가 아니라, 1970년대 말부터 지식인들 사이에 훨씬 널리 퍼져 있는 분위기와 맞아떨어지기 때문이다.

사실상 모든 학문 분과에서 언어와 의식의 발전을 물질적 실재의 발전에서 분리해 내려는 시도가 계속 있었다. 마르크스와 엥겔스의 시대에도 그랬던 것처럼, 과학을 위한 투쟁은 관념론과 기계론적 유물론, 이 양자(오늘날에는 '포스트모더니즘'의 유행이란 형태를 취하는 관념론과 사회생물학이라는 형태를 띠는 기계적 유물론)에 대항하는 투쟁이다.[73]

풀리지 않은 문제들

인간 진화의 이야기 속에는 아직 풀리지 않았거나, 증거가 부족해서 절대로 풀리지 않을 수도 있는 수많은 세세한 내용들이 있다. 이것은 일련의 논쟁들이 계속해서 벌어지는 이유를 설명해 준다. 이 논쟁들은 학술 대회에 열기를 불어넣고, 과학 잡지의 기자들에게 좋은 기삿거리를 제공해 준다.

예를 들어, 유인원 집단 하나가 최초로 두 발 보행을 하게 된 이유에 관한 매우 흥미로운 논쟁이 있다.

권위자들 대부분의 주장에 따르면, 기후변화가 유인원 조상들이 살았던 밀림을 해체해, 유인원 조상들이 밀림 속으로 더 깊이 들어갈지 아니면 더 개방된 환경에 적응할지 선택을 할 수밖에 없었다는 게 그 이유다. 그러자 자연선택을 통해, 밀림으로 깊이 들어간 집단들 사이에서 그런 삶의 방식에 맞는 유전적 특징이 우세해졌을 것이다. 이것은 우리가 오늘날 고릴라에게서 볼 수 있는 특징이다. 동일한 방식으로 자연선택을 통해, 초원의 거주자들 사이에서는 우리가 인간에게서 볼 수 있는 '협력'과 문화적으로 전수되는 도구 제작이란 특징이 우세해졌을 것이다. "호미니드 동물들은 아프리카 동부의 사바나라는 새로운 환경에서 식물성 식량을 찾아야 했다. 사바나의 식물성 식량은 먹기 불편했고, 획득하기도 훨씬 어려웠다. 그들은 머리를 더 쓰고, 두 발로 걷고, 도구를 이용하는 방식으로 특화됐다."[74] 이와 반대로, 고고학적 증거에 따르면 최초의 두 발 보행 유인원은 수풀이나 초원이 아닌 밀림에서 살았을 것이라고 주장하는 학자들도 있다.[75]

또 다른 논쟁으로, 호미니드의 진화 선상에 존재

하는 최초의 유인원에게 사냥이 어떤 역할을 했는지에 관한 것이 있다. 1966년, 리처드 리와 어빈 드보어가 현대의 수렵·채집 사회들을 연구하는 고고학자들과 인류학자들을 한데 모아 '사냥꾼 인간' 학술 대회를 개최한 후, 인간 진화의 사회적 측면들에 관한 토론이 부활해 엄청난 관심을 끌었다. 대회의 제목이 시사하듯이, 강조점은 사냥이 사회 활동의 형성에 미친 영향이었다.[76] 그러나 이 주장은 이윽고 다른 이들의[77] 도전을 받았다. 이들은 호모하빌리스가 집단 사냥을 한 게 아니라 개별적 사체 청소(이미 다른 육식동물에게 죽임을 당한 동물을 먹는 것)를 했음을 가리키는 고고학적 증거가 존재한다고 말한다. 이는 역으로 우리의 조상들에게는 집단적으로 사체 청소를 했을 법한 동기가 충분히 있다(우선 많은 수가 모여야 먹이를 죽인 육식동물을 놀라게 해 쫓아낼 수 있었을 것이고 먹이가 썩기 전까지 한 사람이 다 먹기에는 너무 큰 사체를 호미니드 개체 혼자 독차지했을 것이라고 시사하는 근거는 거의 없다)는 답변으로 이어졌다.[78]

동시에 다른 방향에서, 초기의 두 발 보행자들은 불

가피하게 뛰어난 사냥꾼들은 아니었겠지만, 자신들의 연소자들을 부양하고 성공적인 채소류 식량 채집민이 되기 위해서 사회적 도구 이용자가 됐어야만 했을 것이라는 점이 강조됐다. "모든 징표들을 볼 때, 500만 년 전 침팬지를 닮은 조상들은 채집에 대한 적응이 발전하는 데 기본이 되는 행동적·해부학적 요소들을 지니고 있었고, 따라서 도구를 이용해 사바나의 모든 식물성 식량들을 먹을 수 있었다."[79] 연소자들이 그런 임무를 실행하는 방법을 배우려면 포괄적 사회화를 겪어야만 했고 이 때문에 "어미-새끼 간의 유대"가 중요하게 여겨졌다. 여기서 여성은 "사회집단에서 반드시 필요한 중심이 됐다. 땅을 파고 쓰러뜨리고 긁어내고 먹이를 가르거나 나누는 목적의 채집 도구들을 만들고 사용하는 데, 장구류·식량·아이들을 운반하는 데, 포식자들로부터 방어를 하는 데 적합한 운동 패턴을 가르쳐야 했다."[80]

마지막으로, 지금까지 발견된 서로 다른 호미니드 표본들(다양한 종류의 오스트랄로피테쿠스, 호모하빌리스, 호모에렉투스, 여러 종류의 '고대 인류', 네안데르탈인, 현생 인류) 사이의 관계를 두고 벌어지는 논쟁이 있다. 이 논쟁에 대해서는 지나가듯 이야기했지만 이미 언급했다.

그러나 전문가들 사이에 존재하는 이런 의견 차이 중 어느 하나도 지난 30년간 지성사에서 일어난 가장 매력적인 발전 중 하나를 감출 수는 없을 것이다. 그것은 바로 프리드리히 엥겔스가 다윈의 저작을 읽은 후 저술했으나 마무리하지도 출판하지도 못한 소책자에서 내놓은 분석 노선이 입증된 것이다. 트리거는 다음과 같이 말한다.

엥겔스의 저작은 1870년대에 이미 인류 진화에 관한 현대적·유물론적 이론을 개념화하는 것이 가능했다는 사실을 보여 준다. 그러나 본질적으로 관념론적이었던 다윈의 인간 진화 개념들은 대大혁명가 엥겔스의 이론에 비해 대부분 중간계급이었던 서유럽 과학자들의 믿음과 더 잘 양립할 수 있는 것이었다. 따라서 엥겔스의 저작이 무시된 것이 놀라운 일은 아니다.

그 결과 인류의 기원들에 관한 연구는 4분의 3세기나 되는 시간을 허비했다. 1960년대가 돼서야 비로소 "케네스 오클리, 셔우드 워시번, F 클라크 하월이, 비록 전반적으로 귀납적 방식을 통해 도달한 것이긴 하지만, 오랫동안 잊혀 있던 엥겔스의 저작과 매우 유사한 새로운 진화 이론의 구성을 위한 토대를 놓았다."[81]

2장 계급과 국가의 기원

 "유인원이 인간이 되는 과정에서 노동이 한 역할"은 일단 인간종이 생물학적으로 확립된 다음, 세계에 대한 그들의 노동이 어떻게 사회제도들의 연속적 변화를 가져왔는지를 시사하는 몇 문단들로 끝을 맺었다. 8년 후에 쓰인 《가족, 사적 소유, 국가의 기원》은 이런 통찰에 입각해, 계급사회의 진화에 대한 총괄적 평가를 발전시켰다.

 이 책은 원래 인간은 현재 우리가 이 용어를 사용할 때 담긴 의미로서의 사적 소유가 없는(다시 말해, 칫솔 같은 물건이 아니라 사적인 부가 없는), 계급 분할이 없는, 남성의 여성 지배가 없는 사회에서 살았다는 생각을 담았다. 그러나 인간이 생계 수단의 생산을 위해 협력하는 방식에서 일어난 변화들이 이런 '원시공산주의' 사회들을, 뒤이어 나타난 여러 형태의 계급사회로 대체했다. 이 계급사회 중 최신의 것이 현대 자본주의다. 그리고 계급사회와 함께 국가와, 여성을 억압하는 다양한 가족 형태가 등장했다.

"유인원이 인간이 되는 과정에서 노동이 한 역할"이 주류 사회과학에서 무시당했다면, 《가족, 사적 소유, 국가의 기원》은 체계적으로 매도당했다. '원시공산주의'라는 생각 전체가 동화에 불과하다는 식으로 치부됐다. 미국의 인류학자 엘리너 리콕의 경험이 전형적이다. 그녀는 "내가 학생이었을 때에는 루이스 헨리 모건과 프리드리히 엥겔스가 언급한 '실존하는 공산주의'는 실제로는 절대 존재한 적이 없다는 생각이 일반적으로 받아들여졌다"고 말한다.[82]

엥겔스에 대한 공격은 일정 부분 정치적인 것으로, 사회주의 사상에 대한 일반적 공격과 연결돼 있었다. 그러나 이 공격은 또한 사회학과 사회인류학에서 일반적으로 나타나는 몰역사적이고 반反진화론적인 조류에 부합하는 것이었다. 19세기 이 학문 분야들은 모든 인류의 역사가 경이로운 현대 자본주의를 향해 얼마나 유기적으로 성장해 왔는지를 보여 주려는 사변적 시도로부터 시작했다. 20세기에 이 조류는 반대 방향으로, 즉 어떤 사회 진화 관념도 거부하는 것으로 나아갔다. 개개의 문화들 속에서의 삶에 대한 평가는 많이 있었다. 특정한 '원시'사회들의 상이한 측면들이 어떻게 그 사회를 유지해 주는 "기능"을 하는지 보여 주려는 시도도 존재했다. 심지어 각각의 모든 사회에 적용되는 기능 작용을 설명하는 "이론"을 제시하려는 시도도 있었다. 그중 가장 웅대하고 가장 무익한 시도가 탤컷 파슨스의 저작들이었다. 그러나 사회 진화에 대해 평가하려는 시도는 어떤 것이든 거부됐다.

반면 이 시기 동안 사회인류학자들의 실제적 조사들은 계급도 국가도 우리가 현재 알고 있는 여성 억압도 존재하지 않았던 엄청난 수의 사회들이 존재한다는 것을 입증했다. 그 예로는 마거릿 미드의 《사모아인의 성년식》, 루스 베네딕트의 《문화의 패턴》, 브로니스와프 말리노프스키의 《서태평양의 모험가들》과 《야만 사회의 성과 억압》, 마이어 포르테스와 에드워드 에번스프리처드의 《아프리카의 정치체제》를 들 수 있다.

오직 한 학문 분야에서만, 즉 고고학 분야에서만 진화라는 생각이 살아남았다. 이는 부분적으로 고고학자들이 과거의 여러 시점에 형성된 지질층 속에 묻힌 인간의 뼈와 부장물을 찾으며, 따라서 어떤 것을 다른 것의 연속으로 보는 경향이 있기 때문일 것이다. 그러나 영국 고고학의 가장 저명한 인물이 좌익 사회주의자인 V 고든 차일드였기 때문이기도 하다. 고든 차일드는 1930년대 스탈린화된 마르크스주의의 해석에 관심을 가지게 됐고, 문화 변화에 대한 그 자신의 이전 평가(이는 문화가 한 사회에서 다른 사회로 "확산"되는 것에 관한 정교한 도식에 의존했다)가 지닌 부족한 점들을 극복하는 데 엥겔스의 통찰을 이용했다.[83]

1960년대 말이 되자 이제 지적 분위기가 변화했다. 이런 변화는 1960년대에 일어난 더 폭넓은 차원의 격동과 분리될 수 없었다. 학계의 첨단에서, 일단의 인류학자들(여기에는 엘리너 리콕과 같은 마르크스주의자들과 리처드 리와 같은 반제국주의자들이 속해 있었다)이 인간 사회에 대한 정교한 진화론적 해석을 만들어 내기 위해 고고학자들(이들은 대개 고든 차일드의 영향을 받았다)과 작업하기 시작했다. 그들은 두 세대 동안 파문당했던 사상, 특히 수십만 년 동안 인간이 계급, 사적 소유, 국가가 없는 사회에서 살았다는 주장의 유효성을 효과적으로 재확립했다.

오늘날 어니스트 겔너와 같은 유력한 비마르크스주의자조차 어마어마한 시간 동안 인간이 "낮은 단계의 분업이 특징인" 사회 속에서 "부를 생산하고 축적하는, 즉 저장하는 수단을 전혀 소유하지 않거나 거의 소유하지 않는다는 사실로 정의되는 … 수렵·채취인"으로 살았다는 것을 인정할 수 있게 됐다.[84] 그리고 리처드 리는 다음과 같이 상당히 훌륭한 주장을 할 수 있었다. "국가가 등장하고 사회적 불평등이 고착되기 전에 사람들은 수천 년 동안 혈연 기반의 소규모 사회집단을 이루고 살았으며, 이 안에서 경제생활의 핵심적 제도들은 토지와 자원에 대한 집단적 즉 공동 소유, 식량 분배에서의 일반적 호혜성, 비교적 평등주의적인 정치 관계를 포함하고 있었다."

이것은 우리가 단지 엥겔스의 주장을 전부 받아들이기만 하면 된다든지 그의 주장들을 신성불가침으로 대해야 한다는 것을 의미하지 않는다. 엥겔스 스스로 1891년에 자신이 1884년에 쓴 책이 지식의 "중대한 진보"를 고려해 수정될 필요가 있다고 기록한 바 있다. 그리고 우리는 그때로부터 7년이 아니라 100년도 더 지난 시대에 살고 있다. 크리스틴 워드 게일리가 엥겔스가 세운 전통에 의거해 이뤄진 한 연구에서 쓴 것처럼, 《가족, 사적 소유, 국가의 기원》의 "민속지적"(즉 인류학적) 자료 중 상당수는 더 진전된 연구에 의해 뒤처진 것이 됐다.[85] 《가족, 사적 소유, 국가의 기원》에 담긴 엥겔스 주장의 핵심은 여전히 매우 큰 가치가 있다. 그러나 사실과 맞지 않는 일군의 자료들과 사변적 주장들은 일부 자칭 마르크스주의자들에게는 절대적 진리로 여겨져 왔고[86] 반대자들에게는 엥겔스의 통찰 전체를 폄훼하는 데 이용돼 왔기 때문에, 이것으로부터 핵심을 추려 내는 것이 필요하다.

원시공산주의

엥겔스의 출발점은 그와 마르크스가 1845~1846년에 주장한 요점을 재정식화하는 것이었다. 즉, 인간이 자연으로부터 생존을 확보하는 방식들이 인간이 서로 어떻게 협력하는지를 결정하며, 이를 통해 그들이 살아가는 사회의 토대를 놓게 된다는 것이다.

역사를 종국적으로 규정하는 요인은 직접적 생활의 생산과 재생산이다. … 한편으로 그것은 생활 수단의 생산, 즉 의식주의 대상과 그것에 필요한 도구의 생산이다. 다른 한편으로 그것은 인간 자체의 생산, 즉 종의 번식이다. 특정한 역사 시기와 특정한 지역의 인간들이 생활하는 사회제도는 두 종류의 생산에 의해 규정된다.[87]

마르크스와 엥겔스와는 무관하게, 모건도 이와 어느 정도 유사한 결론에 도달했다.[88]

인류는 식량 생산에 대한 절대적 통제력을 획득했다고

말할 수 있는 유일한 존재다. … 생존의 토대를 마련하지 못했다면, 인류가 다른 지역으로 … 궁극적으로 지표면 모든 곳으로 번식해 나갈 수는 없었을 것이다.
따라서 거대한 인류 진보의 시대들은 십중팔구 생존 원천이 확대된 시기와 어느 정도 일치해 왔을 것이다.[89]

엥겔스는 모건을 따라 인류 역사를 다음의 세 거대한 시대들로 나눴다. 야만, 미개, 문명. 각각은 "어느 정도 고유하고 독특하고 구분되는 문화와 생활양식"이 있었으며, 생계를 꾸려 나가는 특정한 방식에 의존했다.[90]

야만: 곧장 이용할 수 있는 자연적 생산물의 전유가 지배적인 시기. 인간이 생산한 물건은 주로 이런 전유를 돕는 도구였다.
미개: 가축 사육과 토지 경작에 관한 지식을 얻게 된 시기. 인간의 활동을 통해 자연의 생산성을 증대시키는 방법을 습득했다.
문명: 자연적 생산물들을 더 많이 만들어 낼 수 있는 지식과 진정한 산업과 기술에 대한 지식이 획득된 시기.[91]

용어 자체는 소위 '원시'사회들을 '야만'과 '미개'로 생각하는 19세기 말의 편견이 반영돼 있었다. 그러나 모건과 엥겔스 모두 대체로 이런 편견을 거부했으며, 인간의 사회적 발전에 대한 어떤 과학적 연구에서도 중심이 될 내용을 포착하기 위해 이런 구분을 이용했을 뿐이다. 인류가 과실류·견과류·구근류 등을 채집하고 야생동물을 사냥해 생계를 유지하는 사회(소위 '수렵·채집' 사회 혹은 '색이素餌' 사회), 인류가 토지를 경작하고 포유동물을 기르는 사회('농경 사회'), 크든 작든 도시화된 사회(문자 그대로 도시에 기반을 둔 '문명') 사이의 구분이 그것이다.[92] 이는 역으로 엥겔스가 사회에 대한 수많은 전통적 편견에 도전할 수 있게 만들었다.

대부분의 반동적 사상가들은 '원시사회'들이 두드러지게 위계적이며, 잔인하고 공격적이고 흉악한 남성들의 지배 아래에 있었다고 주장한다.[93] 이런 사회들이 '문명사회'보다 훨씬 더 오랫동안 존재해 왔다는 것을 근거로, 인류의 본성도 마찬가지로 잔인하고 공격적이며 흉악하다는 결론이 나온다고 이야기한다.

엥겔스의 견해는 매우 다른 것이었다. 그는 북미의 이로쿼이족에 대한 모건의 해석을 자신의 모델로 삼아 초기의 사회들이 계급사회들과는 완전히 다른 방식으로 조직됐다고 주장했다. 초기 사회들에는 사적 소유도 없었고 계급 분할도 없었다. 그리고 그들은 "각각의 경우 구성원들 전체와 분리된 특수한 공적 권력"이라는 의미의 국가로 묶이지 않았다. 그 대신, 그들은 확장되고 상호 연계된 "혈연가족" 집단(다시 말해, 서로 친척이거나 적어도 그렇다고 생각하는 사람들의 집단)들로 조직돼 있었다. 이는 엥겔스가 "씨족"이나 "포족"이라고 불렀고 현대 인류학자들은 대개 "혈통 집단"이라고 부르는 집단들이다.

이 씨족제도의 순박한 단순함은 얼마나 놀라운 것인가! 모든 것이 군인·헌병·경찰도 없이, 귀족·왕·총독·지사·판사도 없이, 감옥도 없고 재판도 없이 매끄럽게 운영된다. 모든 다툼과 분쟁은 관련된 이들이 모두 모인 자리에서 해결된다. … 공동으로 처리해야 할 일이 지금보다 훨씬 많았는데도(가계는 여러 가족에 의해 공동으로 공산주의적으로 운영되고 토지는 부족의 소유이며 오직 작은 밭들만이 일시적으로 각 가구에 할당된다) 여전히 우리와 같은 거대하고 복잡한 행정 기구는 조금도 필요하지 않다. …

빈곤하거나 빈궁한 사람은 있을 수 없다. 공산주의적 가구와 씨족은 노인과 병자, 그리고 전쟁으로 불구가 된 자들에 대한 의무를 잘 알고 있다. 여성을 포함해 모두가 자유롭고 평등하다. 아직까지 노예가 존재할 여지가 없으며, 일반적으로 다른 부족을 정복할 여지도 없다. …

계급으로 분열되기 전에 인류와 인간 사회는 이런 모습이었다.[94]

지금까지 살아남은 수렵·채집민들과 초기 농경 사회들에 대한 현대의 연구는 엥겔스가 내린 평가의 본질적 핵심을 뒷받침했다. 수렵·채집민들은 대개 "군집 사회"라고 불리는 집단 속에서 산다. 이것은 30~40명 정도로 느슨하게 결합된 집단들에 기반을 두고 있는데, 주기적으로 다른 집단들과 함께 모여 200명 정도의 더 큰 무리를 이루기도 한다. 이 사회들 안에는 계급 분할은 차치하고 어떤 공식적 지도자도 없다.

> 매일의 일상사와 관련해 남성과 여성이 모두 개인적 결정을 내리는 것이 가능하다. … 남성과 여성은 모두 사냥을 할지 채집을 할지, 누구와 함께 할지 등 자신들이 하루하루를 어떻게 보낼지 자유롭게 결정한다. …[95]
> 사적 토지 소유를 통해 자원에 차별적으로 접근하는 경우도 없었으며, 성에 따른 분화를 넘어선 노동의 분화도 존재하지 않았다. … 평등주의적 군집 사회들의 기본 원칙은 사람들이 자신들이 책임지는 활동들에 관한 결정을 스스로 한다는 것이었다.[96]

군집의 개별 구성원들은 계급사회들의 인민대중보다 엄청나게 더 큰 수준의 자율성을 누린다. 그러나 이것이 그들 서로 간의 관계에서 이기심을 수반하지는 않는다. 오히려 넉넉한 인심과 개인들이 서로서로 돕는 것을 강조한다.

식량을 결코 가족끼리만 소비하지 않는다. 항상 같이 사는 집단이나 군집의 구성원들 사이에서 식량을 분배한다. … 야영지의 구성원들은 모두 공평한 몫을 받는다. … 이런 일반화된 호혜 원칙은 모든 대륙과 모든 종류의 환경에서 살아가는 수렵·채집민들에게서 관찰된다.[97]

우리가 사는 사회에서 당연한 것으로 여겨지는 경쟁 관념에 대해서는 매우 강한 경멸이 존재한다. 리처드 리가 칼라하리사막에서 살아가는 쿵족(이른바 부시먼)에[98] 대해 말한 것처럼,

쿵족은 지독할 정도로 평등주의적인 사람들이다. 그리고 그들은 이런 평등을 유지하기 위해 일련의 중요한 문화적 실천들을 발전시켜 왔다. 첫째는 오만하고 우쭐거리는 사람들의 콧대를 꺾는 것이고, 둘째는 운이 다한 사람들이 다시 일어서도록 돕는 것이다. … 남성은 그의 능력만큼 사냥하도록 격려를 받지만, 잘나가는 사냥꾼이 보여야 할 올바른 행실은 겸손과 겸양이다.[99]

쿵족 중 한 명에 따르면,

누구 한 명이 사냥을 했다고 치자. 그는 집에 와서 "내가 수풀 속에서 큰 놈을 하나 잡아 왔다!" 하고 자랑하며 떠벌려서는 안 된다. 그는 우선 나나 다른 사람이 그의 화톳불이 있는 데로 와서 "오늘 무슨 일을 했느냐?"고 물을 때까지 조용히 앉아 있어야 한다. 그러면 그는 조용하게 "아, 저는 사냥에 서툽니다. 아무 사냥감도 보지 못했습니다. … 그게 조그마한 놈 한 마리밖에 안 됩니다" 하고 답한다. 그러면 나는 웃고 만다. 그가 큰 놈을 잡아 왔다는 것을 알기 때문이다.[100]

한 초기 예수회 선교사는 또 다른 수렵·채집민들인 캐나다의 몽타네족에 대해 다음과 같이 언급했다. "수많은 우리 유럽인들에게 지옥과 고문을 맛보게 하는 두 폭군이 몽타네족의 거대한 숲속까지 지배하지는 못한다. 내가 말하려는 것은 야망과 탐욕이다. … 그들은 그저 사는 것에 만족하기 때문에 아무도 부를 얻으려고 악마에게 자신을 넘기지 않았다."[101] 이런 군집들에

는 족장도 우두머리도 존재하지 않는다. 그래서 콩고의 음부티 피그미족에게는,

> 족장이 전혀 없다. … 피그미족 삶의 각 측면에서 다른 이들보다 두드러진 남성이나 여성이 한두 명 있을 수 있으나 여기에는 일반적으로 타당한 현실적 이유들이 존재했다. … 풍습의 유지는 협력을 통해 이뤄지는 일이었다. … 절도와 같이 다소 심각한 범죄는 호된 매질로 다스리는데, 이는 참여해야겠다고 느낀 사람들이 모두 합심해 집행하지만 야영지 전체가 이 사건에 대한 토론에 관여한 후 이뤄진다. … 피그미족은 개인적 권위를 싫어하고 피하려고 한다.[102]

쿵족 사이에는 "지도자와 같은 형태가 존재한다." 그러나 그것은 우리가 알고 있는 권력과는 매우 다르다. 토론을 할 때, 어떤 개인들의 의견은 다른 사람보다 더 영향력을 미치는 경향이 있다. "이런 개인들은 일반적으로 여기서 가장 오래 산 연장자들이거나 … 연설가, 토론자, 의례 담당자나 사냥꾼처럼 주목할 만한 개인

적 자격을 일부 가진 사람들이다." 그러나

> 그들의 기술이 무엇이든 간에 쿵족의 지도자들에게 어떤 공식적 권위가 있는 것은 아니다. 그들은 오직 설득할 수 있을 뿐이지 자신의 의지를 다른 사람들에게 절대 강요할 수 없다. … 아무도 오만하게 굴거나 고압적으로 행동하거나 우쭐거리거나 냉담하게 행동하지 않는다. 쿵족의 말을 빌리면, 이런 특성들이 있다는 것은 그 사람에게 지도자로서 자질이 전혀 없다는 뜻이다. … 전통적 야영지 지도자들에게서 발견할 수 없는 또 다른 특성은 부에 대한 욕구, 즉 물욕이다.[103]

더욱이 수렵·채집민 사이에 전쟁이라고 할 만한 것은 매우 드물었다(엥겔스가 이 부분에서는 틀렸다). 이따금 서로 다른 군집들 사이에 충돌이 있을 수는 있지만, 이것이 크게 중요한 일은 아니었다.[104] 예를 들어, 쿵족 사이에는 샘과 그곳을 에워싸고 있는 땅은 한 집단이 '소유'해 대대로 물려준다는 생각이 존재한다. 그러나 다른 집단이 허락을 구하고 그 땅을 이용할 수도 있다. "식량을 둘러싼 집단들 사이의 다툼이 쿵족 사이에 존재하지 않는 것은 아니지만 그것은 드문 일이다."[105]

이런 증거는 다음의 주장을 완전히 반박하는 것이다. 즉, 오스트랄로피테쿠스 시대부터 문자의 등장에 이르기까지 인류의 선사시대 전체는 "살인 본능"을 그 토대로 하며, "수렵·채집 군집들은 타는 듯이 뜨거운 아프리카의 태양 아래서 사라져 가는 샘을 놓고 매우 자주 싸웠고", 우리는 모두 "카인의 자식들"이며, "인류의 역사는 유전적 숙명에 따라 … 더 우월한 무기를 발전시키는 것에 달려 있고", 따라서 "문명"이라는 얇은 겉치장은 본능적으로 "학살, 노예제, 거세, 식인 행위에서 느끼는 기쁨"을 은폐할 뿐이라는 주장 말이다.[106]

군집사회들의 '원시공산주의'적 특성을 이해하려면 그 사회들이 생계를 유지하는 방식을 들여다봐야 한다. 군집의 평균 규모는 자신들의 야영지 지역에서 매일 충분한 식량을 찾을 수 있어야 한다는 필요에 의해 제한을 받는다. 이 지역 안에서 개별 구성원들은 식물성 식량을 찾거나 동물을 쫓아 계속 이동할 것이다. 그리고 한 지역의 식량 공급이 고갈됨에 따라, 군집 전체도 이따금 이동해야 했을 것이다. 계속 이동하려면 모든 것을 쉽게 옮길 수 있어야 하기 때문에 어느 군집 구성원이 조금이라도 부를 축적하는 것은 불가능하다. 개인은 기껏해야 창이나 활과 화살, 배낭, 몇 가지 장신구를 가질 수 있을 뿐이다. "최고의 가치는 이동의 자유, … 사회의 이동성이라는 실존을 저해할 수 있는 짐과 의무로부터 자유롭고자 하는 욕구다."[107]

수렵자와 채집자가 서로 강하게 의존하는 방식이기 때문에 넉넉한 인심이라는 가치를 강조하게 된다. 채집자들은 대개 가장 의지하는 식량원을 공급하고, 수렵자들은 가장 가치가 있는 것을 공급한다. 따라서 사냥에 특화된 사람들은 매일의 생존을 채집자들의 넉넉한 인심에 의존하는 반면, 채집에 특화된 사람들(그리고 잠시 사냥에 성공하지 못한 사람들)은 동물을 잡는 데 성공한 사람들에게 의존해 자신들의 식단에 가치 있는 식량을 추가한다. 그리고 사냥 자체도 대개 영웅적 남성 개인이 밖에 나가서 잡아 오는 것이 아니라 한 무리의 남성들이 (때론 여성들과 아이들의 보조적 도움을 받아) 함께 사냥감을 추적하고 덫을 놓아 잡는 방식이다.

이런 사회들에는 거의 항상 남성과 여성 사이의 분업이 존재하는데, 남성은 대부분 사냥을 하고 여성은 대부분 채집을 한다. 이는 임신을 했거나 아이에게 젖을 물리고 있는 여성이 사냥에 참여했다간 위험에 노출돼 군집의 번식을 위협하기 때문이다. 그러나 이 분업이 우리가 현대사회에서 알고 있는 것과 마찬가지의 남성 지배에 해당하는 것은 아니다. 여성과 남성 모두가 야영지를 언제 옮길지 혹은 한 군집을 떠나 다른 군집에 합류할지 등의 핵심 결정을 내리는 데 참여한다. 그리고 부부 단위 자체가 느슨하게 이뤄져 있다. 이런 사회들에서는 배우자들이 자신이나 자기 아이들의 생계가 갑작스럽게 위협받지 않으면서 갈라설 수 있다.[108]

따라서 엥겔스가 이런 사회들에서 여성에 대한 어떤 체계적 지배도 존재하지 않았다고 주장한 것은 옳았다. 그렇지만 한 가지 중요한 세부 사항에서는 틀린 듯하다. 즉, 그는 대부분의 수렵·채집 사회에서 혈통 집단이 한 역할을 과대평가했다. 지금까지 살아남은 수렵·채집민들의 군집은 느슨하며 유연하다. 사람들은 자유롭게 군집에 들어가고 나갈 수 있다. 한 군집의 성원들이 서로 친척 관계이고 통혼[군집 간의 결혼]을 통해 다른 군집들과 느슨한 연관을 맺는 경우가 빈번할지라도, 그들은 혈통 집단들의 엄격한 통제를 받지는 않는다.[109]

모든 현존하는 '원시사회'들에서 씨족이 권력을 가지고 있다는 엥겔스의 믿음은 당시 인류학 지식의 결과였다. 그는 주로 이로쿼이족에 대한 모건의 직접적 평가와 폴리네시아인 사회에 대한 자신의 간접적 평가에 의존했는데, 이곳들 모두 초기 농업(즉 '원예농업') 사회들로 수렵·채집 사회가 아니었으며, 엥겔스나 모건 모두 수렵·채집 사회에 대해서는 많이 알지 못했다.

현존하는 수렵·채집 사회들은 모든 인류가 한때 살았던 사회들과 반드시 동일한 것은 아니다. 쿵족, 음부티족, 에스키모족, 오스트레일리아 원주민과 같은 사람들은 우리만큼이나 긴 역사를 가지고 있으며, 그들의 역사는 우선 이웃하는 농업 사회들에서 받은 충격으로부터, 그다음엔 서구 식민주의가 가한 정신적 외상으로부터 영향을 받았을 것이다.[110] 따라서 그들의 사회생활의 방식은 많은 점에서 우리 모두의 선조들이 살았던 방식과는 다를 수 있다. 과거 사회들에서 엥겔스가 생각한 것과 같이 강력한 혈통 구조가 존재했을 수도 있지만, 우리는 그것을 증명할 증거를 전혀 가지고 있지 않다.

그렇지만 평등주의 문제와 관련해서는, 우리가 훨씬 더 확고한 근거를 가지고 있다. 나눔에 대한 강조, 강한 협동적 가치들, 군집의 유연한 구성은 현대 수렵·채집민 삶의 특징인 것과 마찬가지로, 수만 년 전 우리 선조들의 삶의 특징이었음이 분명하다. 이런 가치는 유랑하는 수렵·채집민들의 삶에서 나온 욕구들과 완벽하게 들어맞는다. 그것들은 계급사회들에서 볼 수 있는 가치들이 아니며, 따라서 현존하는 수렵·채집민들 사이에서 그것의 존재는 외부적 압력의 결과일 수 없다. 리처드 리가 상당히 올바르게 강조했듯이, "자본주의 국가는 경제적·군사적 권력을 가지고 있고 이데올로기 기구도 거의 완전히 독점하고 있지만, 곳곳에 숨어 있던 수없이 많은 공동체주의[원시공산주의 — 지은이]

를 뿌리 뽑는 데 성공하지 못했다."[111] 이것 자체가 다음을 가리킨다. 즉, 원시공산주의는 계급사회의 등장에 앞선 하나의 단계이자 우리 역사 속의 한 단계로 존재했던 모든 인류의 조건이었다.

이것은 '인간 본성'에 관한 어떤 논의에 대해서도 엄청난 중요성이 있다. 그런 본성이 존재한다면, 그것은 호모하빌리스의 최초 등장부터 호모사피엔스가 기원전 8000년쯤 처음으로 농작물을 심기 시작할 때까지 250만 년에 이르는 수렵·채집의 오랜 시기 동안 자연선택을 통해 주조된 것이기 때문이다. 리의 다음의 주장은 참으로 올바른 것이다.

우리의 과거를 주조해 낸 것은 바로 평등주의적 나눔의 오랜 경험이다. 우리가 겉보기엔 위계적 사회들의 삶에 적응했음에도 불구하고, 그리고 세계의 많은 지역에서 인권과 관련된 참담한 기록들이 존재함에도 불구하고, 인류가 뿌리 깊은 평등주의 의식과 호혜성 규범에 대한 뿌리 깊은 헌신과 뿌리 깊은 … 공동체 의식 … 을 지니고 있다는 징표들이 존재한다.[112]

최초의 농경민

오늘날 99.9퍼센트 이상의 인류는 대략 1만 년 전 시작된 변화로 만들어진 사회들에서 살고 있다. 그것은 정주 촌락의 성립, 새롭고 더욱 다양하고 더욱 복잡한 돌·나무·뼈로 된 도구들의 사용(따라서 '신석기시대'라는 용어는 '새로운 석기의 시대'라는 뜻이다), 토기를 사용하는 저장과 요리, 그리고 아마 가장 중요한 것으로 최초의 토지 경작과 관련돼 있었다.

이 변화는 오늘날 대개 고든 차일드의 용어인 '신석기 혁명'으로 불린다. 엥겔스는 이것을 '야만'에서 '미개'로의 이행과 동일하게 봤다. 그의 주장에 따르면, 이 시기는 토기 제작법의 도입으로 시작했으며, 동반구(유라시아와 아프리카)에서 "동물의 가축화"로, 아메리카 대륙에서는 "관개 수단을 이용한 식용식물의 경작과 점토질벽돌(햇빛에 말린 벽돌)과 돌을 이용한 건축"으로 이어졌다.[113] 아메리카 대륙을 제외한 동반구에서는 "철광석 제련과 함께 시작"한 "미개의 높은 단계"가 뒤따랐다. 여기서 우리는 처음으로 가축이 끄는 철제 보습[쟁기 날]과 만나게 된다. 그것은 넓은 범위의 토지 경작을 가능하게 해 그 시대의 조건으로 볼 때 사실상 생계 수단의 무제한적 증가를 가능케 했다. 그리고 "이것과 연관해 산림 개간을 통해 경작지와 목초지를 만든 것도 우리는 알게 된다. 이것 역시 철제 도끼와 가래 없이는 불가능했을 것이다. 그러나 이와 함께 인구가 급속하게 증가해 좁은 지역에 인구가 밀집되는 일이 발생했다."[114] 엥겔스는 '미개' 단계 동안 일어난 이런 생산의 변화가 처음으로 계급사회가 발전하게 되는 토대를 놓았다고 주장하기에 이른다.

이 새로운 부는 누구에게 속하게 됐는가? 원래는 의심할 바 없이 씨족의 것이었다. 그러나 가축 떼의 사적 소유가 이미 일찍부터 발전했음이 틀림없다. … 진정한 역사의 문턱에 들어설 무렵, 우리는 모든 곳에서 가축 떼는 미개 단계의 장인 생산물, 금속제 용품, 사치품, 그리고 마지막으로 인간 가축인 노예와 마찬가지로 이미 가장의 단독 소유임을 발견한다.

왜냐하면 이제 노예제도도 발명돼 있었기 때문이다. 미

개의 낮은 단계에서는 노예가 아무런 가치도 없었다. …
이 단계의 인간 노동력은 자신의 생계유지에 필요한 것
이상의 이렇다 할 잉여를 아직 생산하지 못했다. 목축,
금속 가공, 직조, 마지막으로 경작이 도입되면서 이 상
황이 변화했다.[115]

엥겔스의 평가는 여러 중요한 지점에서 잘못된 것이
었다. 계급사회와 문명은 유라시아와 아프리카뿐 아니
라 중앙아메리카와 남아메리카에서도 발전했다. 토지
의 경작(비록 쟁기를 이용하지 않았더라도)은 동물의
가축화 이후가 아니라 그것과 거의 동일한 시기에 시
작했다. 계급사회의 최초 형태는 노예제가 아니었으며,
노예제는 그리스·로마 시대 전까지는 피역압 계급에
대한 주변적 착취 형태였던 것으로 보인다. 그러나 계
급사회의 등장에 관한 그의 전반적 그림은 기본적으로
올바른 것이었다.

인간 집단들이 생계를 꾸려 가는 새로운 방식들을
발전시켜 감에 따라, 사회의 전체 조직은 급진적 변화
를 겪었다. 서로 시기는 달랐지만, 그들은 서로 독립적

으로 수렵·채집에서 경작으로 전환했다(아메리카 대륙의 몇몇 지역, 적어도 3개의 서로 다른 아프리카 지방, 이라크 고지, 인더스강 유역, 인도차이나반도, 중앙 파푸아뉴기니의 골짜기들, 중국).[116] 그리고 누적적 변화가 가장 멀리 나아간 곳에서, 이것이 최초의 계급 분할, 최초의 국가, 최초의 체계적 여성 억압으로 이어졌다. 그러나 완전한 변화는 매우 오랜 기간 — 가장 잘 연구된 사례인 메소포타미아(현재의 이라크 지역)에서는 4000~5000년 — 에 걸쳐 일어났다. 그리고 대부분의 사회들에서는 변화가 이 정도까지 멀리 나아가지 않아서, 심지어 150년 전까지도 수많은 사람들이 여전히 무계급 농업 사회에서 살고 있었다.

최초의 농업 형태(보통 '원예농업'이라고 부른다)는 토지를 개간(삼림과 관목을 도끼로 제거한 후 나머지 것들을 불태우는 방식)한 후, 괭이나 뒤지개를 이용해 씨앗이나 덩이줄기를 심어 수확하는 것을 뜻한다. 대개 몇 년이 지나면 이 토지의 비옥도는 고갈된다. 이렇게 된 땅은 야생 상태로 되돌아가도록 하고, 새로운 지역을 개간해 경작한다. 이런 '화전火田' 이동 경작은 일정한 지역의 토지에서 나오는 곡물 수확량이 관개나 쟁기를 이용하는 훗날의 형태와 비교하면 훨씬 적었지만 대부분의 수렵·채집 형태들에서 얻을 수 있는 것보다는 매우 많았다.

이것은 그 자체로 즉각적인 사회적 결과들을 가져왔다. 사람들은 더는 수렵이나 채집을 할 때처럼 계속 이동할 필요가 없었다. 사실 파종과 수확 사이에 이동했다면 재앙과도 같았을 것이다. 무거운 점토 토기를 만들어 이 안에 물건을 저장하는 행동이 처음으로 의미 있게 됐다. 그리고 그 지역의 식량 공급은 흔히 전보다 5~10배나 많은 사람들을 부양하기에 충분했고 따라서 처음으로 촌락 생활이 가능해졌다.

개별 사회집단의 내부 구조 안에서도 필연적 변화들이 발생했다. 한편에서 개별 가구가 자기들의 생계를 유지하기 위해 집단의 나머지 사람들과의 협력에 의존하는 정도가 줄어들었다. 보통 토지를 개간하는 데는 집단 전체의 협력이 필요했지만 각각의 가구는 개간된 토지 중 자기에게 주어진 땅뙈기에서 혼자 씨를 뿌리고 수확할 수 있었다. 다른 한편, 일을 많이 할 수 있지만 먹일 입은 적은 가구들이 먹일 입은 많지만 일손이 부족한 가구들(특히 어린아이들이 많은 가구들)에게 도움을 줄 수 있는 방법이 있어야만 했다.[117] 어린아이들은 촌락 전체의 미래 노동 공급을 상징했고 아이들을 적절하게 돌보지 않는다면 그 집단 자체가 결국 멸망하게 될 것이기 때문이다.

재생산 문제에 다다르면, 농업으로의 이동은 사실 집단의 욕구에 매우 중대한 변화를 가져왔다. 수렵과 채집을 할 경우, 매일매일 채집하러 돌아다닐 때나 야영지 전체를 주기적으로 옮길 때에 모두 아이들을 안고 다녀야만 했기 때문에 출산율을 엄격하게 제한해야 했다. 여성은 아이를 안고 다녀야 하는 일정 시기 동안 한 명 이상의 아이를 가질 수 없었다. 따라서 출산은 (필요하다면 성적 절제, 낙태, 영아 살해 등을 통해서라도) 항상 3~4년의 간격을 뒀다. 이와는 대조적으로, 농업에 토대를 둔 고정된 촌락에서 살게 되면서, 생후 몇 개월만 지나면 아이를 안고 다닐 필요가 없어졌다. 그리고 아이들의 숫자가 많아지면 많아질수록 장차 더 넓은 면적의 토지를 개간하고 경작할 수 있었다. 재

2장 계급과 국가의 기원

생산을 위한 대비가 그 사회의 중요한 동역학이 됐다.

이 집단이 번영하기 위해서는 또 다른 무언가(일종의 새로운 사회통제의 기제)가 마련돼야 했다. 수렵·채집민 군집에서 큰 분쟁이 일어나면 그 군집이 갈라지거나 개인들이 그곳을 떠나는 것으로 쉽게 해결될 수 있다. 사람들이 자신의 토지를 개간하고 농작물을 심게 된 농경민 집단에서는 이런 선택의 가능성이 거의 없다. 수렵·채집민 사이에서보다 훨씬 더 발전한 통제가 상부구조로서 존재할 때에만 논쟁과 갈등, 사회규범의 위반을 극복하고 살아남을 수 있다.

이것을 통해, 혈통 집단의 역할이 더 강화된 것을 설명할 수 있다. 대부분의 수렵·채집 사회들에서보다 초기 농업 사회들에서 사람들이 혈통 집단으로 훨씬 더 단단하게 결속돼 있다. 이제 사람들은 자신들이 관계 맺고 있는 다른 가구 성원들(친족 관계를 통해 직접적으로 관계 맺고 있거나 통혼이나 연령집단의 친교를 통해 간접적으로 관계 맺고 있는 사람들)에 대한 일련의 권리와 의무를 분명하게 이야기하게 됐다. 충분한 식량을 갖지 못한 개인들은 자기 혈통 집단 내에서

"숙부" 혹은 "사촌"이라고 불리는 사람들(단지 가까운 친척만이 아니라 육촌, 팔촌, 심지어 십촌 등)로부터 식량을 얻을 수 있을 것이라고 기대할 수 있다. 누군가가 사회적 위신을 얻는 방법은 자기 마음대로 처분할 수 있는 잉여 식량을 다른 사람에게 후하게 베풀 수 있을 만큼 충분히 가지고 있는 것이다.

혈통 집단은 어떤 개별 가구도 굶주리지 않게 해서 집단 전체의 재생산을 보장한다. 그러나 이것이 전부는 아니다. 혈통 집단이 자기 구성원들에 대해 사회적 통제를 행사할 책임을 가지게 되면서, 혈통 집단의 작동 양식은 훨씬 더 공식화된다. 의사 결정이 혈통 집단의 일부 구성원들(대개는 연장자들)의 손에 집중되기 시작한다. 그리고 많은 사회에서 사태는 더 나아가 일부 혈통 집단이 다른 혈통 집단보다 더 위신을 얻게 되는 단계에 이른다. 유럽인들과 접촉하기 이전의 통가에서처럼, 이것은 심지어 위신이 높은 혈통 집단의 지도적 인물("족장")이 생산적 노동이라는 짐에서 벗어나 스스로 착취계급이 되려는 시도를 시작할 수 있는 지점에 도달할 수도 있다.[118]

최초의 위계

이런 분화는 왜 일어났는가? 가장 그럴싸한 설명은 다음의 궤적을 따른다. 일단 인간 집단들이 한 장소에 정주하게 되면, 그들은 상당한 양의 식량과 다른 귀중품을 저장하기 시작할 수 있다. 이것을 가장 잘한 혈통 집단들이 (운 좋게 평균보다 더 비옥한 토지를 경작하는 것과 같이 순전히 우연적 이유에서라도) 다른 혈통 집단들보다 더 큰 선물을 줄 수 있을 것이고 그래서 더 큰 위신을 얻게 될 것이다. 그리고 이와 유사하게, 각 혈통 집단 안에서, 어떤 가구들이 다른 가구들보다 더 부유해져서 마찬가지로 더 큰 위신을 얻을 수 있을 것이다. 이런 사회 안에서 형성된 넉넉한 인심이라는 가치 자체가 지위의 분화를 촉진한다.

이는 인류학자들이 '대인'이라고 부르는 이들, 즉 마음대로 쓸 수 있는 부 덕분에 위신을 얻게 된 개인들의 등장으로 이어진다. 그러나 매우 중요한 점이 있다. 즉, 이런 개인들은 이 부를 자신들만 잘살기 위해 이용하지 않는다. 그들은 바로 다른 사람들에게 그 부를 나눠 주기 때문에 위신을 얻는 것이다.

그것의 가장 발전된 형태로, 부를 모아 나눠 주는 완결적 체제가 등장한다. '대인'은 자신의 위신을 이용해, 자기 혈통 집단의 다른 구성원들 손에 남아 있던 잉여를 모두 자기 수중으로 모은다. 그러나 그 후에는 자신과 직간접적으로 관계를 맺고 있는 사람들을 위해 성대한 의례적 축제를 열어 이 잉여를 되돌려 줌으로써 자신의 위신을 강화한다. 특정한 혈통 집단이 통혼으로 연결된 다른 혈통 집단들에게 잔치를 베풀어 이 혈통 집단들보다 자신의 위신을 더 높일 수도 있다.

이 체제는 일부 개인들과 일부 혈통 집단들이 다른 이들보다 더 높은 위신을 누리는 체제이며, 일부 경우에는 세습 족장과 우두머리 혈통 집단의 성립에서 절정을 이룬다. 그렇다고 이것이 계급 체제인 것은 아니다. 계급 체제에서는 사회의 한 부문이 다른 부문이 생산한 잉여를 소비한다. 위신과 관련된 세습적·반半세습적 위계가 성립했음에도 불구하고, 생산양식은 공동체성을 유지하며 소비 패턴도 평등주의와 공유라는 특징을 보인다.

리처드 리는 "제3세계의 목축·원예농업 사회들 중 많은 수가 동일한 특징들을 공유"하며 그 특징은 수렵·채집 사회들과 마찬가지의 "공동체적 소유 개념들"이라고 쓰고 있다. 인류학자들이 묘사한 "아프리카, 오세아니아, 남아메리카 저지대의 수많은 군장 사회들에서는, 예를 들어 족장이 받은 공물의 상당수가 신민에게 재분배되며, 족장의 권력은 대중의 의견과 제도가 힘을 발휘하는 견제와 균형에 종속돼 있다."[119] 가령 남아메리카의 남비콰라족 사이에서는,

> 족장은 단순히 잘해서만은 안 된다. 그는 노력을 해야 한다. 그리고 그가 속한 집단은 그가 노력하길, 다른 사람들보다 행실이 더 낫길 기대할 것이다. … 비록 족장이 물질적 조건에서 볼 때 특권적 지위에 있는 것처럼 보이지 않더라도, 그는 자기 통제 아래에 충분한 잉여량의 식량·도구·무기·장신구를 가지고 있어야 한다. … 개인이나 가족, 군집 전체가 무언가 바라거나 필요로 할 때 호소하는 곳이 바로 이 족장이다. 따라서 넉넉한 인심은 새로운 족장에게 기대하는 첫째 자질이다.[120]

이는 지도자가 자기 밑에 있는 사람들보다 물질적으로 더 어려운 시기를 겪게 할 수도 있을 정도다. 가령 뉴기니의 부사마족 집단의 지도자는 "자신의 식량 비축량을 유지하기 위해 누구보다 열심히 일해야 한다. … 그는 일찍부터 늦게까지 고되게 일해야 한다. '그의 손은 흙에서 벗어날 날이 없고, 그의 이마는 계속 땀을 떨구고 있다.'"[121] 이런 사회에서는 많은 핵심 가치들이 여전히 계급사회에서 우리가 당연한 것으로 여기는 가치들보다는 수렵·채집 사회의 가치들에 훨씬 가까운 상태였다. 가령 18세기 초, 원예농업민인 이로쿼이족을 관찰한 사람이 쓴 내용을 보면, "굶주리던 이로쿼이족이 식량이 다 떨어지지 않은 다른 사람의 오두막을 만나게 되면, 후자는 … 그 손님이 부탁하기도 전에 손님과 나눠 먹는다. 그렇게 하면 그들도 자신들이 도와준 사람들과 똑같이 굶어 죽기 십상인데도 말이다."[122] 그리고 이와 비슷한 이야기가 누에르족 목축민에 대한 고전적 연구에서도 등장한다.[123]

그러나 이런 공동체적·평등주의적 가치들은 흔히 새로 나타나기 시작한 한 가지 도전에 직면한다. 바로 가구들이 자신들에게 부여된 광범위한 의무를 피하려고 노력하는 것이다. 이것은 수렵·채집민 사이에서는 일어나지 않는 방식이다. 평등주의적·공동체적 이데올로기 아래에 숨어 있던, 가구의 욕구를 공동체의 욕구보다 위에 두려는 경향의 조짐이 자주 발견된다. 예를 들어, 동아프리카의 벰바족은 손위 친척이 방문하는 경우가 생기면 맥주를 숨기고 그에게 다음과 같이 말할 것이다. "애석하게도 저희는 가엾은 가난뱅이들이라 먹을 게 하나도 없네요."[124] 마오리족에게는 속담이 하나 있다. "다른 사람이 너를 방해하기 전에, 네가 잡은 쥐(마오리족이 가장 좋아하는 음식)를 가죽째 구워 먹어라."[125] 허리케인이 티코피아족(호혜성으로 유명한 부족)에게 심각한 식량 부족을 야기한 후, 가구들은 음식을 나눠 줘야 할 사람들 앞에서는 먹는 것을 삼가기 시작했다.[126]

이런 모순적 행동은 어떤 타고난 이기적 '인간 본성'의 결과가 아니라 생산 체제 안에 내재한 모순의 결과다. 생산 자체가 수렵·채집 사회들에서처럼 집단 전체의 협력에 의존하지 않고, 대부분 개별 가구가 농작물과 동물을 돌보는 데 의거하고 있다.[127] 혈통 집단과 여타 집단은 생산보다는 재분배와 재생산과 관련돼 있다. 캐런 색스는 이 "생산양식"에는 혈통 집단에 기반을 두는 "생산관계"와 주로 가구들에 의존하는 "생산력" 사이의 "모순"이 존재한다고 썼다.[128]

사회의 생존은 생산을 유지하는 가구들의 개별적 관심과 재생산을 보장하는 집단 안에서의 협력·이타주의·공유, 이 양자에 모두 의존한다. 그리고 이는 가구 자체의 생존이 위태로워지는 조건들이 생기게 될 경우, 그 가구는 더 넓은 사회에 대해 지고 있는 의무들에 저항할 수 있음을 의미한다. 이것은 개인의 이익 대 사회복지의 문제가 아니라 생산양식의 한 요소의 욕구가 다른 요소들과 충돌하는 문제다.

대개 가구는 모순적 압력들과 화해하는 데 성공하며 체제는 무너지지 않는다. 그러나 어떻게 내부적 변화들(새로운 생산기술)이나 외부적 압력들(자연재해, 토양의 고갈, 다른 사회들이 가한 충격)이 옛 질서를 더는 유지할 없는 날카로운 위기의 조건들을 창출하는지, 그래서 일부 부유한 가구나 혈통 집단이 과거에 자신들이 지켜야 했던 의무들과 완전히 단절하게 만드는지 관찰하는 건 그리 어려운 일이 아니다. 위신을 얻기 위해 다른 이들에게 주던 부가 이제 다른 이들이 고통받고 있을 때 소비할 수 있는 부가 된다. "후기 형태의 족장제에서는 … 족장이 되려는 사람이 다른 이의 이익을 위해 자기의 생산물을 내놓는 것으로 시작되지만, 어느 정도는 다른 사람들이 족장의 이익을 위해 자신들의 생산물을 내놓는 것으로 끝나고 만다."[129]

수렵·채집에서 농경으로 이행하는 과정에서 매우 중요한 또 다른 변화가 존재한다. 처음으로 체계적인 전쟁 행위가 의미를 가지게 된다. 부가 저장된다는 것은 다른 농경민 집단들로부터 부를 훔쳐 올 수 있다는 뜻이기도 하다. 수렵·채집민의 경우에는 경쟁하는 군집들 사이의 충돌이 매우 드문 반면, "원예농업민의 경우에는 … 영역을 지키거나 확대하기 위한 조직적 전쟁 행위가 고질적이다."[130]

그렇지만 전쟁 덕분에 일부 개인과 혈통 집단은 경쟁하는 다른 사회들에서 빼앗은 전리품과 공물을 자신의 수중에 집중시키면서 커다란 위신을 얻을 수 있다. 위계가, 비록 재물들을 다른 사람에게 줄 수 있는 능력과 결합된 상태로 남아 있긴 하지만, 더 뚜렷해진다. 그리고 이런 맥락에서 전쟁 행위는 어떤 거대한 사회 위기에 직면해 계급 관계들이 등장할 가능성을 열어 주는 요인이다.

가령 크리스틴 워드 게일리가 제시한 주장에 따르면, 통가에서 기원후 1100~1400년에 서열이 가장 높은 족장 집단들이 서열이 더 낮은 사람들에 대해 지고 있던 자신들의 의무를 제거하려고 한 시도(자신들을 지배계급으로 만들려는 시도)가 있었는데, 이것은 그들이 다른 섬의 거주민들과 싸워 승리한 데에서 비롯했다.

농업의 기원들

한 가지 문제가 수렵·채집에서 농업으로의 이행을 연구하는 사람들을 오랫동안 난감하게 했다. 왜 사람들이 이런 변화를 만들었나? 전에는 이런 변화가 사람들의 삶에 많은 개선을 가져왔고 그래서 사람들은 이 변화를 기꺼이 받아들였을 것이라고 생각했다. 그러나 오늘날에 와서는 이런 단순한 견해를 반박하는 증거가 많이 존재한다. 수많은 수렵·채집 사회와 원예농업 사회의 사람들은 사실 더 적게 일했으며 적어도 집약 농업에 기반을 둔 사회들만큼 잘 먹고 살았다. 한 예로, 칼라하리사막의 쿵족은 인간적 삶을 유지하기에는 자원이 많이 부족한 지역에서 살아온 것처럼 비칠지 모른다. 그러나 그들은 균형 잡힌 식단과 칼로리가 충분한 먹거리를 누렸으며, 이것은 현대 인도의 평균치보다 훨씬 더 높았다(그리고 하루에 서너 시간 이상 일할 필요가 없었다). 그들은 마셜 살린스가 "원초적 풍요 사회"라고 명명한 곳에서 산 것으로 보인다.[131]

이는 심지어 수많은 수렵·채집 사회들이 몇몇 농업 기술을 충분히 알고 있던 경우에도 왜 농업으로 이행하길 거부했는지 설명해 준다. 그들은 농업을 불필요하게 과중한 노역이라고 봤다.

그 대신, 수렵·채집 사회에서 농업 사회로의 이행에 대한 더 최근의 해석들은 농경으로 이행하기 전 수렵·

채집 사회들에서 일어난 어떤 변화들이 어떻게 긴장을 만들어 냈는지에 초점을 맞춘다. 특히 그들은 모든 수렵·채집 사회가 계속해서 옮겨 다닌 것은 아님을 강조한다. 일부는 야영지를 정착시켜도 자신들을 부양하기 위한 식량원이 어느 정도 안정적으로 존재한다는 것을 알게 됐다. 이 경우는 때론 수백 명이 사는 촌락들로 발전하기도 한다. 가령 아메리카 대륙의 태평양 연안 북서부에 살던 원주민들이 여기에 해당한다. 그들은 풍부하게 공급되는 물고기로 생계를 유지했다. 의미심장하게도, 이런 사회들에는 이미 초기 단계의 사회적 계층화가 존재한다. 잉여를 저장할 수 있고 상대적으로 큰 규모의 사회집단이 함께 모여 있어야 하기 때문에, 일부 사람들이 이런 임무들을 수행해 위신(비록 권력이나 높은 생활수준은 아니지만)을 얻게 된다.[132] 그러나 동시에, 다수의 사람들에게 이런 삶은 유랑 수렵·채집의 경우보다 몇 가지 이점이 있다. 어린아이들을 데리고 반복해서 먼 거리를 다닐 필요가 없으며 그래서 낙태, 영아 살해나 성생활의 절제를 통해 다음 출산까지 간격을 둘 필요가 더는 없어진다. 그리고 더 큰 규모의 상시적 사회 결속은 사회화를 위한 더 많은 기회들을 준다. 유랑 수렵·채집민 사이에서는 이 기회가 대개 서로 다른 몇몇 군집이 함께 야영하는 연중 몇 주로 제한된다.

만약 농경민의 경우보다 유랑 수렵·채집민의 경우가 생존에 더 용이하다면, 비유랑 수렵·채집민의 경우도 여전히 생존에 더 용이할 것이다. 식량 공급이 풍부하고 안정적이기만 하다면 말이다. 일부 유랑 수렵·채집민들이 새로운 삶의 방식을 선택했을 것이고 그런 조건 아래서 급속한 인구 성장을 겪었을 것이라는 점은 전혀 놀라운 일이 아니다.

그렇지만 새로운 삶의 방식은 그 지역의 야생에서 풍부하게 나오는 식량이 언제든 이용 가능해야 한다는 점에 달려 있었다. 만약 이런 공급이 어떤 이유로 사라졌다면, 사람들은 커다란 문제들에 직면했을 것이다. 이런 공동체들은 너무 커져서 떠돌이 생활을 하는 소규모 군집들에 토대를 둔 삶의 방식으로 되돌아가기는 힘든 상태였다. 과거로의 회귀는 기존 삶의 방식과의 완전한 단절, 대규모 사회 붕괴, 생존 기술의 학습

(혹은 재학습) ― 그리고 아마도 초반에 발생할 광범위한 기아 ― 등을 가져왔을 것이다. 그래서 비록 식량을 획득하는 새로운 방법이 노동강도의 강화와 관련이 있을지라도, 그것을 모색해야 할 동기가 있었다.

이런 일이 중동의 비옥한 초승달 지대에서 일어난 것으로 보인다. 대략 기원전 11000년에 이 지역의 기후 조건이 변화해 이 지역 '나투프'인들에게 (영양 떼를 잡아 나오는) 고기와 야생 곡물이라는 풍부한 식량원을 제공하게 됐다. 그래서 그들은 수렵·채집적 생활양식을 버리지 않으면서도 큰 규모의 정주 집단(촌락)을 이뤄 살기 시작할 수 있었다. 그러나 대략 3000년이 지난 후, 생태학적 조건이 다시금 변화해서 그들은 더는 야생동물 떼와 야생 곡물에 의존해 먹고살 수 없었다. "인구와 자원 사이의 불균형은 식량 부족, 여아 살해, 고기 소비의 감소로 나타난다."[133]

이 시점에 이 사회의 거주민들에게 생존은 삶의 방식을 변화시키는 데 달려 있었다. 변화는 두 가지 방향으로 일어날 수 있었다. 즉, 자신들이 예전엔 수렵·채집하던 식물과 동물을 키우려고 노력하는 방향으로 가거나, 이와 반대로 촌락 생활을 포기하고 소규모 군집들로 쪼개져서 이젠 가까운 곳에서 손에 넣을 수 없게 된 자연에서 나오는 식량을 공급받기 위해 이리저리 떠돌아다니는 것이다. 사실, 나투프인은 이 두 방향 모두를 선택한 것으로 보인다. 어떤 이들은 식물과 동물에 대한 자신들의 지식을 이용해 씨앗을 심고 동물 떼를 가축화하는 데 착수했다. 다른 이들은 유랑하던 선조들의 삶의 양식으로 되돌아갔다. 우리는 개별 집단들이 어떤 근거에서 선택을 했는지 알지 못한다. 그러나 농경을 택한 사람들이 그런 선택을 한 것은 전에 잉여를 모아 재분배하는 책임을 졌던 위신이 높은 개인들의 지휘 아래서 지역 경제의 재조직을 받아들이는 것을 통해서였을 것으로 보인다.[134]

이런 해석은 왜 세계의 여러 다른 지역에서 서로 독립적으로 농업으로의 이행이 발생했는지를 설명해 준다.[135] 그것은 지역의 식량 자원들을 매우 성공적으로 이용하게 됐지만 수백 년이나 수천 년이 지난 후 이런 자원들이 고갈됐을 때엔 너무 큰 규모로 성장해 이 변화에 적응할 수 없었던 수렵·채집 사회들이 등장한 결과였다. 이 지점에 이르러, 그들은 변화하든지 아니면 죽을 수밖에 없었다.

일단 농경으로의 이행이 한 지역의 어떤 집단에서라도 발생하면, 거스를 수 없는 일이 일어나게 됐다. 농경을 수행하는 이 사회들의 인구는 여전히 수렵과 채집에 의존하는 사회보다 훨씬 더 빠르게 성장하기 시작했다. 그들의 정주 생활양식 덕분에 잉여의 저장이 가능해졌고, 이 잉여들은 처음에는 석재, 나중에는 구리와 황동으로 된 가공물의 제작 등 전문화가 증대하는 토대를 제공했다. 그리고 새로운 가공물 중에는 그들이 서로 싸우기 위해 만들어 비축한 무기들이 있었다(무기는 매우 비옥한 토지에서 사는 이웃 수렵·채집민들을 몰아내는 데도 이용할 수 있었다). 새로운 농경 사회들은 최초의 장소에서 나와 확산되기 시작했고, 새로운 지역에서 점차 성장해 싹을 틔웠으며, 농경 사회 주변의 수렵·채집민들을 정복하거나 농경 사회로 전환시켰다. 드디어 농경은 이를테면 8000~9000년 전 비옥한 초승달 지대의 고지대에서 그 지역의 평원 전역으로 확산됐고, 7000~8000년 전에는 남동부 유럽

을 통과해, 4500~4000년 전에 이르러 북부 유럽까지 도달했다.[136]

모든 곳에서 수렵과 채집이 사라진 것은 아니었다. 야생동물이 풍부한 생태학적 장소가 농업 지역들 중간중간 남아 있었고, 이는 수렵과 채집으로 살아가길 선택한 사회들이 수천 년 동안 생존할 수 있도록 해줬다. 그리고 농경민 집단들도 때때로 새로운 지역들로 이주해 갔을 때에 수렵과 채집으로 되돌아가는 것이 유리하다는 것을 알게 되는 경우가 있었다. 그럼에도 불구하고 모든 지역에서 농업이 우세하게 되는 전반적 경향이 있었다는 것은 틀림없다. 남아 있던 수렵·채집민들은 농경에 적합하지 않은 지역(숲, 사막, 북극의 황량한 땅)으로 내몰렸다.

최초의 계급사회들

매우 적은 수의 농경 사회들이 그 사회 자체의 내적 발전의 결과로 완전한 계급사회들로 발전했다. 이런 일이 메소포타미아에서는 약 6000년 전에 일어나기 시작했다. 이집트, 이란, 인더스강 유역, 중국에서는 그보다 수백 년 후에, 나일강 중류 지역(지금의 수단 지역)과 지중해 동부 지역에서는 그보다도 1000년 후에, 중앙아메리카, 안데스산맥 지역, 에티오피아 고지대, 아프리카 서부와 남동부에서는 2500~1000년 전에 일어난 일이었다.[137] 위의 모든 경우에, 새로운 사회질서로 발전하게 만든 주된 압력들은 내부에서 발생했다. 그러나 세계의 다른 대부분의 지역에서는, 외부적 압력들이 필수적이었다. 과거의 순수한 원예농업 사회들과 농업 사회들은 대외무역, 군사적 패배, 혹은 식민화가 변화를 야기하기 전까지 계속 지속됐다. 예를 들어 2500~1000년 전의 북유럽과 1930년대 초까지의 뉴기니 고지대가 그런 경우였다.

엥겔스는 계급사회의 등장을 집약 농업과 최초의 금속 사용과 결부시켰다. 고든 차일드도 이와 유사한 시각을 받아들여 이런 변화 과정을 "도시 혁명"이라고 불렀다(비록 그가 계급사회의 등장이 최초의 정주 농업 발생인 "신석기 혁명" 이후 수천 년이 지난 뒤에 일어났

2장 계급과 국가의 기원 113

음을 알았다는 점에서 엥겔스와 달랐지만 말이다).

한편, 모든 지역에서 초기 농업과 결부된 인구 성장이 궁극적으로 당시 존재하는 기술들을 이용해 경작할 수 있는 토지 규모의 한계에까지 이르렀다. "신석기시대 인구의 성장은 궁극적으로 새로운 경제 속에 존재하는 모순에 의해 제약받았다." 이는 점점 더 "전투용 돌도끼와 플린트 단검"을 이용하는 전쟁에 호소하도록 촉진했다. 이런 일은 "유럽의 신석기 혁명 후기 단계들"에서 점차 일반화됐다. 다른 한편, 자급자족의 신석기 촌락은 결코 자연 재앙의 위협에서 벗어날 수 없었다.

그들의 모든 노동과 계획은 여전히 자신들의 통제 너머에 있는 사태들로 인해 좌절될 수 있었다. 가뭄·홍수·폭풍우·서리·마름병·우박이 작물이나 가축 떼를 전멸시킬 수 있었다. … 그들이 비축해 둔 것은 너무 적어서 오랫동안 연이어 발생한 재난을 헤쳐 나갈 수 없었다.

도시 혁명은 궁극적으로 이 두 문제에서 벗어나는 길을 제공했다.

농부들이 토지에서 자기 가족에게 필요한 것보다 더 많은 잉여를 짜내도록 설득당하고 강요받았을 때, 그리고 이 잉여가 자기가 먹을 식량의 생산에 직접 종사하지 않는 새로운 경제적 계급들을 부양할 수 있게 됐을 때, 신석기 경제의 더 악화된 모순들이 극복됐다.

그러나 그러려면 기술적 진보("과학의 창고를 채우는 부가물")가 필요했다

아마도 기원전 3000년 이전 1000년 정도의 시기가 기원후 16세기까지의 인류 역사 중 그 어떤 시기보다도 풍부한 발명과 발견으로 가득 찬 시기였을 것이다. 그때의 성과들이 내가 "도시 혁명"이라고 이름 붙인 사회의 경제적 재조직을 가능케 했다.[138]

기술의 진보에는 다음의 것이 포함됐다. 구리 제련법과 구리를 주석과 합금해 청동을 만드는 방법을 발견한 것, 괭이가 아닌 쟁기를 이용하고 그것으로 땅을 갈기 위해 축력(처음엔 황소)을 이용한 것, 최초로 바

퀴 달린 수레(와 전차)를 사용한 것, 관개를 위해 정규 수로와 댐을 건설한 것, 새로운 건설법, 항해술 등.

이런 변화들은 모두 고든 차일드가 "사회·경제 관계의 수정"이라고 부른 것(인간과 자연 사이의 관계에서뿐 아니라 인간 서로 간의 관계에서도 일어난 변화들)을 수반했다. 금속 제련은 토기 제작보다 훨씬 더 기술이 필요한 일이었기 때문에 매우 숙련된 전문가 집단들에 의존하게 됐다. 이들은 자신들의 직업 비밀을 세대에서 세대로 전수했다. 쟁기의 이용은 성별 간의 분업을 증대시키는 경향이 있었다. 아이를 낳아 기르는 여성들이 쉽게 할 수 없는 고된 노동 형태였기 때문이다. 질서 정연한 관개수로의 건설과 유지는 수십에서 수백 가구의 협력이 필요함을 의미했으며, 노동을 지휘하는 사람들과 노동을 수행하는 사람들 사이의 분업을 촉진했다.

바퀴 달린 수레와 항해 수단의 이용은 광범위하게 흩어져 있던 농경민 집단들 사이의 교역이 성장하도록 촉진했다. 이로써 사람들은 자신들이 생산할 수 없는 많은 유용한 물건을 접할 수 있게 됐다. 이런 변화의 결과로 노동생산성이 증대해 평균적 정주 규모가 매우 크게 성장했다. 일부 지역들에서는 신석기시대의 촌락들이 도시로 변할 정도였다. 생산성의 증가로 더 많아진 잉여는 전쟁 준비를 위한 추가적 동기를 제공했다.

고든 차일드는 사람들이 티그리스강과 유프라테스강 유역에 정착하게 되면서 발생한 메소포타미아의 변혁을 묘사했다. 그들이 발견한 땅은 매우 비옥했지만 "배수·관개 작업"을 통해서만 경작할 수 있었고 그것은 "협력적 노력"에 달려 있었다.[139] 메소포타미아에 관한 C K 마이셀스의 훨씬 더 최근 연구는 자연적으로 관개되는 토지에서 이미 농업을 습득한 사람들이 기원전 4000년에 다음의 사실을 발견했다고 시사한다. "강의 유로가 제방[진흙으로 된 둑 — 지은이] 사이로 흘렀는데, 제방을 국지적으로 터뜨리기만 하면 인근 지역의 생산성을 증대시킬 수 있었다. 따라서 적절한 농업 조건만 주어지면 지속적으로 높은 수준의 생산량이 확보될 수 있었다." 그러나 이렇게 증가된 생산량이 모두 곧장 소비된 것은 아니다. 일부는 예비로 남겨 놓았다.

목축 생산물이나 생활에 필요한 다른 생산물과 교환하기 위해서는 잉여가 필요했다. 한편, 가뭄·충해가 발생하는 해나 폭풍의 경우처럼 빈번해지는 계절적 피해에 대비해 더 많은 저장물을 유지해야 했다. … 그런 비축물은 … 항상 안전을 위한 여분이 존재하도록 생산과 소비를 조직하는 상시적 수단을 의미한다.[140]

수천 년에 걸쳐, 새로운 관개 방식에 근거한 농업 정착촌이 마을로 성장했고 마을은 도시로 성장했다. 곡물을 저장하려면 규모가 큰 건축물이 필요하게 됐다. 이 건축물은 토지로 둘러싸인 채 도드라져 보였고 사람들에게 사회적 삶의 연속성과 보존을 상징했다. 곡식 창고를 관리하는 사람들은 사회에서 가장 큰 명망을 누리는 집단이 됐다. 요컨대, 사제들이 관리하는 신전들이 등장했다.[141]

사제 관리인들이라는 상시적 집단의 성립과 함께, 역사적으로 매우 중요한 또 다른 사건이 일어났다. 즉, 사회적 부의 회계를 위한 기호 체계인 최초의 문자가 등장했다. 고든 차일드의 말에 따르면,

신神의 수입과 지출에 대한 회계를 위해, 신전의 토지를 관리하는 사제 연합체들은 관습적 기호 체계(다시 말해 글쓰기)를 발명해 재가했다. [기원전 2800년까지 — 지은이] 유일하게 존재하는 기록 문서는 회계 점토판이다. 따라서 신전의 금고(정확히 말해 곡식 창고)에 상당한 사회적 잉여가 축적된 것은 사실상 우리가 문명의 기준으로 받아들이는 문화적 진전의 근거였다.
신은 공동체를 대표하거나 투영하는 존재로 간주될 수 있으며, 따라서 신에게 봉사하는 사제들은, 의심할 바 없이 나머지 신민들보다 수입이 더 좋을지라도, 공동체의 종복일 것이다.[142]

여러 세대가 지나면서, 사제층은 점차 사회의 나머지 부분과 분리됐고 결국 상당히 구별되는 이해를 가진 하나의 계급을 형성했다. 고든 차일드는 기원전 2500년경 라가시라는 도시의 포고령을 인용해, 어떻게 "특혜를 누리던 사제들이 다양한 형태(예를 들어 매장하는 데 과도한 비용을 요구했다)의 강탈을 실행하고 신(즉 공동체)의 토지·가축·종복을 자기들의 사유재산이자 개인적 노예로 다뤘는지" 묘사하고 있다.

> 고위 사제가 가난한 자의 뜰에 들어와 거기에 있던 나무를 가져갔다. 만약 지체 높은 인물의 집이 평범한 시민의 집에 인접해 있다면, 전자는 이 소박한 집의 소유자에게 적절한 보상도 하지 않고 그 집을 제 것으로 만들 수 있었다.

"이 고대의 문서"는 그의 결론에 따르면 "우리에게 계급의 실제 충돌을 의심할 여지없이 엿보게 해 준다. … 새로운 경제에서 생산된 잉여는 실은 상대적으로 소수인 계급의 손에 집중됐다."[143]

메소포타미아에서 최초의 피착취계급은 엥겔스가 원래 주장한 것(그리고 일정 정도는 고든 차일드도 수용한 것)과 같이 전쟁으로 정복당한 노예들이 아니라, "에린"인이었다. 이들은 전에는 자영농 가구였다. 그러나 더 큰 권력을 보유한 집단들, 특히 신전에 강제로 종속당했고 식량과 임금을 받고 수로 건설, 경작, 군역에 종사했다.[144]

착취의 규모는 계속 성장해 대규모가 됐다. T B 존스는 기원전 2100년경 라가시에서 어떤 일이 일어났는지 이야기했다.

십수 개의 신전 시설이 농경지 대부분의 경작을 통제했다. (농작물의) 절반가량이 생산 비용(노동자의 임금, 역축의 사료 등)으로 소비됐고 4분의 1이 왕실 세금으로 왕에게 돌아갔다. 남은 25퍼센트가 사제들 몫이었다.[145]

평범한 노동자의 표준적 생계 수단은 하루 3실라(약 2.4리터)의 곡물로, 여기에 맥주와 기름이 더해진다. 이런 식단은 대개 단백질, 미네랄, 비타민이 부족하지만 그럼에도 하루 3000칼로리나 됐다. 이는 현재 인도나 아프리카 사하라사막 이남 지역에서 사는 대부분의 사람들보다 하루 1000칼로리를 더 섭취하는 것이었다.[146] 다른 계급사회들과 비교한다면, 자본주의의 기적들이란 얼마나 대단한가!

메소포타미아는 아마 '문명'으로 이행한 첫째(그리고 확실히 가장 잘 연구된) 사례일 것이다. 그러나 앞서 살펴봤듯이, 그것이 유일한 사례는 아니었다. 앞서 봤듯이, 도시 생활과 계급 분할의 초기 요소들로 이끈 조건은 세계의 여러 지역에서 발생했다. 엥겔스는 "목축적" 셈어語족과 유라시아의 인도·유럽어족이 철을 이용하면서부터 이런 요소들이 등장하게 됐다고 봤지만, 이는 당시 이용 가능한 증거가 부족해서 엥겔스가 오해한 것이다. 더욱이, 자체적 발전을 통해 수백 명이나 심지어 수천 명의 사람들을 석조 건축물 건설에 강제로 동원할 수 있었던 농업 사회들의 사례가 상당히 많았다. 기원전 3000~4000년 몰타의 석조 신전, 가장 유명한 사례로 스톤헨지를 들 수 있는 기원전 3000년의 환상열석, 기원후 18세기 이스터섬의 석상, 타히티의 다층 기단 등이 존재한다.[147]

때때로, '문명'으로의 발전은 다른 곳에서 발생한 문명의 영향을 받았을 것이다.[148] 그러나 이것이 다음의 사실을 바꾸지는 못한다. 즉, 마을과 도시의 형성, 그리고 흔히 글쓰기의 발명으로 이어진 과정은 몇몇 서로 다른 지역에서 독자적으로 시작했다. 일단 농업이 일정한 지점 이상으로 발전하면 사회의 내적 동학이 발생하기 때문이다. 따라서 전 세계 사람들 중에서 한 집단이 최초로 '문명'에 도달했기 때문에 어찌 됐든 그들이 다른 집단보다 "우월하다"고 주장하려는 시도가 있다면, 그것은 황당한 일이다.

이곳저곳에서 서로 다른 사람들이 비슷한 결말에 도달했다. 고든 차일드는 이를 다음과 같이 요약했다. "많은 인구가 도시로 집결했고 이 1차 생산자들(어부, 농부 등등), 전업 전문 장인, 상인, 관리, 사제, 지배자 안에서 차별이 등장했다. 정보를 기록하고 전달하기 위해 관습적 상징(글쓰기)이 사용됐고, 무게를 재고 시간과 공간을 측정하기 위해서도 마찬가지로 관습적 기준이 사용됐으며 이는 수학과 역법으로 이어졌다."[149]

그러나 수렵·채집에서 원예농업과 농업을 거쳐 문명에 이르는 정확한 경로는 사회마다 상당히 다양했다.[150]

현존하는 '공동체적' 농업 사회들 안에서 발생하기 시작한 계층화에 대한 연구들은 이것이 서로 다른 경로를 취할 수 있다는 점을 강력히 시사한다. 때때로 혈통 집단의 연장자들이 부족의 족장으로 등장한다. 어떤 경우에는 '대인'이 촌락의 우두머리가 된다. 때론 혈통 집단 전체가 사제 신분으로 발전한다. 때론 일부 가구들이 다른 가구들을 통제하게 된다. 완전히 발전한 계급사회의 일부는 엥겔스가 이야기한 방식, 즉 토지·농작물·동물에 대한 사적 소유의 직접적 성장을 통해 발전한 것으로 보인다. 그러나 다른 곳들에서 나온 증거들이 가리키는 바에 따르면, 지배계급이 처음엔 사적 소유 없이 사회의 다른 사람들을 착취했다. 즉, 마르크스와 엥겔스가 (다소 오해해) "아시아적 생산양식"이라고 부른 길을 따랐다.[151] 이런 경우에는 계급 착취가 사적 소유를 통해 공공연히 드러나기보다는 여전히 과거의 공동체적 사회조직 형태들 안에 은폐돼 있었다. 그렇지만 그것은 확실히 계급 착취였으며, 과거의 '공동체적' 생산조직은 사실상 착취하는 사제들이나 관료들에게 강제로 공물을 지불함으로써 완전히 변형됐다. 공동체 조직들(촌락이 됐든 혈통 집단이나 확대 가구가 됐든)의 수장들은 더는 공동체의 필요에 봉사하지 않았으며, 점점 더 지배계급의 요구를 동료 구성원들에게 부과하기 위한 수단이 됐다.[152]

계급사회가 다양한 형태로 등장했다고 해서 그 사

회들마다 지닌 커다란 유사성을 망각해서는 안 된다. 모든 곳에서 출발점에는 원시공산주의가 있었다. 모든 곳에서 일단 정주 농업 사회들이 형성되자, 일부 혈통 집단들이나 혈통 집단의 연장자들이나 '대인'들이 집단 전체의 이해를 위해 존재하는 약간의 잉여를 재분배하는 역할을 맡으면서 위신을 얻기 시작할 수 있었다. 모든 곳에서 잉여가 성장하게 됨에 따라, 사회의 이 작은 부분이 사회적 부의 더 큰 몫을 통제하기에 이르렀고, 사회 계급으로 확고히 자리 잡기 시작하는 위치에 오르게 됐다.

더욱이, 이들이 집단적 사회 계급으로 확고히 자리 잡은 곳에서조차, 이들로부터 수백 년에 걸쳐 사유재산 소유자 계급들이 탄생할 수 있었다. 메소포타미아와[153] 고대 인도에서는 이런 일이 발생했음이 확실하다. "이곳에서는 토지의 사적 소유가 존재했을 뿐 아니라 … 사적 소유의 역할이 수세기에 걸쳐 크게 변화했음을 증명하는 증거가 존재한다."[154] 그리고 중앙아메리카의 테오티우아칸에서도 발생한 것으로 보인다.[155] 심지어 왕조의 힘이 막강했던 이집트에서도, 고왕국 말기

(약 기원전 2000년)에 이르러 지방 각 주("노모스")의 신전과 통치자 모두가 자신들 소유의 경제력을 발전시키는 경향이 존재했고, 프톨레마이오스 왕조 시대에는 새로운 전사 신분이 토지의 절반 정도를 소유했다.[156] 한때 마르크스주의자였던 독일계 미국인 카를 아우구스트 비트포겔은 이들 사회 모두에 적용될 수 있는 "동양적 전제주의"라는 종합 이론을 발전시키고자 했는데, 이에 따르면 경제력이 완전히 전능한 집단적 지배계급의 손안에 있었다는 것이다. 그러나 중국에 관한 그의 초기 연구들은 이와는 다른 그림을 제시하는데, 기원전 5세기 중국에서는 국가 관료와 지방 지배층, 상인이 모두 지배를 둘러싼 치열한 전투에 말려들었다.

계급은 어떻게 시작했나

지금까지 우리는 수렵·채집 사회에서 도시화된 사회로의 이행이 분명히 존재했으며, 이와 함께 원시공산주의에서 계급사회로의 이행이 일어났다는 점을 봤다. 이런 이행이 있었다는 사실에 대해서는 이제 의심의 여지가 없다. 이것은 그 자체로 엥겔스가 옳았음을 분명히 입증한다. 또한 인류는 원래 이기적이라 협력적 사회를 만드는 것이 불가능하다고 보는 몇몇 가장 초보적인 반反사회주의적 주장들을 반박한다.

그러나 계급 지배와 국가의 기원에 관한 다음의 몇 가지 중요한 지점들이 여전히 풀리지 않은 문제로 남아 있다. 사람들은 왜 수렵·채집에서 농업으로, 그리고 도시로 나아갔는가? 왜 그들은 지배계급의 등장을 받아들였는가? 왜 이 지배자들은 사회의 나머지 부분에 봉사하는 것이 아니라, 그들을 착취하게 됐나?

이것은 엥겔스가 충분히 대답하지 않은 질문들이다. 게일리가 지적한 것처럼, 《가족, 사적 소유, 국가의 기원》에서 그의 설명은 때때로 단지 탐욕을 비난하는 것처럼 보인다(일부 사람들은 잉여가 자기 수중에 있다는 것을 알게 됐고 다른 사람들의 희생 속에서 이것을 이용했다고 말이다).[157] 《반뒤링론》에서는 더 완전한 설명을 제시한다. 여기서는 잉여를 생산자가 곧장 소비할 수 없도록 따로 남겨 두는 것이 처음에는 사회 전체에 유리했다는 것을 강조한다. 그러나 여전히 왜 당시 [소수의] 사람들에게 상당량의 잉여를 자신들이 소비하려는 동기가 발생했는지, 혹은 왜 다른 사람들이 이를 받아들이게 됐는지는 설명하지 않는다.[158]

학계의 진화론자들 사이에는 바로 이 질문에 대한 토론이 존재한다. 엘먼 로저스 서비스는 국가(그리고 암묵적으로 계급)의 등장에 관한 '기능주의' 이론이라고 부를 수 있는 견해를 제안했다. 이 주장에 따르면, 지배자들은 그들의 등장이 모든 사람에게 이익이 됐기 때문에 등장하게 됐다. "이런 발전은 중앙집권적 지도력에 내재한 엄청난 잠재력을 실현했고 … 원시사회 지도자들이 자신을 따르는 사람들에게 이런 혜택을 조직해 줌으로써 자기들의 사회적 지배를 영구화하려는 단순한 시도들"에서 나왔다.[159] 이와는 반대로, 모턴 프리드는 국가의 형성이 사회의 모든 이들에게 "기능적"인 것은 아니었으며, 사회의 한 부분이 나머지 부분을 착취하고 억압하는 과정의 일부였다고 주장한다.[160]

그러나 이것은 왜 전에는 착취하고 억압하지 않았던

집단이 갑자기 그러기 시작했는지, 또 왜 이 사회의 나머지 사람들은 이 새로운 착취와 억압을 용인했는지 설명하지 않는다.

이런 질문들에 답하는 유일한 길은 마르크스가 강조한 것처럼 생산관계의 발전과 생산력의 발전 사이의 상호작용에 있다.[161] 계급은 생산을 발전시키는 새로운 방식의 등장으로 사회 안에서 일어난 분업들에서 비롯한다. 어떤 집단이 자신들의 수중에 자원을 집중시키고 다른 사람들을 자신의 지휘 아래서 일하도록 조직한다면 사회 전체의 부를 증가시킬 수 있다는 점을 발견한다. 그들은 사회 전체의 이해가 자신들이 자원을 통제하는 것에 있다고 생각하게 된다. 그들은 그것이 다른 사람들을 고통스럽게 만드는 결과를 낳을 때에조차 이 통제력을 지키려고 한다. 이들은 사회의 진보가 자신들에게 구현돼 있으며 (흉작·충해·전쟁 등으로) 갑작스러운 식량 부족이 발생해 다른 모든 사람들이 커다란 고난을 겪더라도 자신들의 생계만은 보호하는 것에 달려 있다고 생각하는 지경에 이른다.

농경의 확산이 어떻게 위로부터의 지휘가 필요한 생

산으로의 변화 압력을 낳았는지 이해하기란 그리 어려운 일이 아니다. 최초의 농업 공동체들은 아마 대단히 비옥한 토양이 있는 지역에 자리 잡았을 것이다. 그러나 그 공동체들이 커지자, 생존은 훨씬 더 힘든 조건들을 극복하는 데 의존하게 됐다. 그러려면 사회관계를 더욱더 재조직하는 것이 필요했다. 콜린 렌프루는 다음과 같이 주장했다.

> 신석기시대에는 인구가 상대적으로 적어서 사실상 비옥한 충적지와 같은 땅을 선택할 수 있었다. 이런 땅은 훗날 경작하게 되는 지역보다 몇 배 더 많이 수확할 수 있는 잠재력이 있었다. … 정주 지역이 가령 강우량의 변동에 수확량이 영향을 받는 더 취약한 지역으로 확산되고부터는 지역의 잉여를 완전히 이용할 수 있게 해 주는 재분배 기제가 점점 더 필요해졌을 것이다.[162]

데이비드 해리스는 아프리카와 동남아시아의 열대 농업과 관련해 비슷한 지적을 했다. 처음에 이것은 소규모였고 대규모 변혁을 통해 인위적 생태계를 만들어 내기보다는 생태계를 조작하는 데 의존했다. … 기술은 … 대개 도끼와 칼, 식재용 막대기, 괭이 따위의 단순한 도구를 이용하는 인간 노동에 한정돼 있었다. "노동 단위"는 "가족"이었고 단순한 개개의 부족보다 더 복잡한 "사회조직 수준"은 전혀 필요하지 않았다.[163]

그러나 더 많이 생산하는 농업은 또한 "가족보다 더 큰 노동 단위"와 "더 복잡한" 수준의 "사회조직"을 요구한다. 이것은 "서열이 존재하는 군장 사회와, 예속 농민을 보유한 사회적으로 계층화된 국가라는 매개"를 통해 달성된다.[164]

앞선 무계급사회들에서 위신이 높았던 집단들이 관개 작업을 실시하거나 새로이 거대한 지역을 개간해 농업 생산을 확대하는 데 필요한 노동을 조직하기 시작했을 것이다. 그들은 자신들이 잉여를 통제하는 것(그래서 자연의 변화로부터 자신들을 보호하기 위해 잉여의 일부를 사용하는 것)이 모든 사람에게 이익이 된다고 생각하게 됐을 것이다. 대규모 교역을 통해 전반적으로 다양한 것을 소비할 수 있게 한 최초의 집단들도 마찬가지였을 것이다. 전쟁을 벌여 다른 사회들에서 잉여를 능숙하게 빼앗은 집단들 역시 그랬을 것이다. 이런 방식으로, 각 지역에서 일어난 생산력의 발전은 전에는 재분배적·의례적 기능을 수행해 위신을 얻던 집단들이나 개인들을 사회의 다른 사람들에게 잉여 추출 요구를 강제하는 계급으로 전환시켰을 것이다.

무거운 쟁기를 사용하거나 조방적 수리 사업을 하는 등의 노동집약적 방법에 의지하지 않는 사회들이 세계의 많은 곳에서 근대사회에 와서까지 번영할 수 있었다. 북아메리카의 상당 지역, 태평양의 섬들, 파푸아뉴기니의 내륙, 아프리카와 동남아시아의 일부 지역이 바로 그랬다. 그러나 다른 조건에 처한 경우, 생존을 하려면 새로운 기술들의 채택에 의지할 수밖에 없었다. 지배계급들은 이런 활동들을 조직하는 와중에 등장했으며 도시와 국가, 그리고 우리가 일반적으로 문명이라고 부르는 것 역시 마찬가지였다. 이 시점부터 사회의 역사는 확실히 계급투쟁의 역사였다.

이런 집단들은, 자신들의 의지를 사회의 나머지 부분에 강요할 수 있는 방법을 찾지 않고서는, 강압적 구조, 국가, 법률과 그것들을 뒷받침해 줄 이데올로기를 확립하지 않고서는, 사회 전체가 큰 곤란에 처해 고통받고 있을 때 잉여를 자신의 수중에 유지할 수 없었을 것이다. 그러나 일단 이런 구조와 이데올로기가 존재하게 되자, 그것들은 어떤 집단이 잉여를 통제하는 게 더는 생산을 발전시켜야 한다는 목적에 봉사하지 않는 상황에서조차 이 잉여에 대한 통제를 영속시켰을 것이다. 생산에 가하는 박차로 등장했던 계급이 더는 이런 박차 역할을 하지 않는 상황에서도 살아남았을 것이다. 그리고 그들은 점점 더 사회 전체의 생산에 짐이 돼 버린 군사적·법률적·이데올로기적 상부구조의 보호를 받았을 것이다.

최초의 대규모 문명들이 모두 길거나 짧은 시기가 지난 후 커다란 내부 불만 속에서 몰락한 것은 이것을 극적으로 보여 줬다. 여기에는 기원전 2000년 초에 일어난 수메르 사회의 커다란 위기들, 기원전 1800년 무렵 고왕국 말기에 일어난 이집트 국가의 일시적 분열,

기원전 2000년 중반 이후의 미케네문명과 크레타문명의 붕괴, 기원후 700년경 중앙아메리카의 테오티우아칸 문명의 붕괴 등이 있다. 이런 일은 그 이후에도 로마제국의 몰락에서부터 현재의 세계 자본주의 위기에 이르기까지 반복적으로 나타났다.

그렇다면, 계급은 마르크스와 엥겔스가 항상 주장했듯이 결핍에 직면한 사회에서 일어난 필연적 발전이었다. 그러나 그들이 또한 주장했듯이, 한 계급이 일단 권력을 확립하게 되면 더 큰 전진은 이것에 맞선 투쟁에 달려 있게 된다. 엥겔스는 원시공산주의의 붕괴에 대해 다음과 같이 적고 있다.

이런 조직은 몰락할 운명이었다. 그것은 … 극히 미발달한 생산 형태를, 다시 말해 광대한 영역에 퍼져 있는 극히 희박한 인구를, 따라서 인간에게 낯선 것으로 대립하는 이해 불가능한 외적 자연에 의해 인간이 거의 완전히 지배되는 상태를 전제로 했다. …
이 자연 성장적 공동체들의 힘은 … 우리에게는 애초부터 타락으로, 즉 옛 … 사회의 소박한 도덕적 위엄으로부터의 몰락으로 여겨지는 여러 영향들에 의해 분쇄됐다. 새로운 문명사회, 계급사회를 탄생시키는 것은 저급하기 그지없는 이해관계(탐욕, 잔학한 육욕, 비천한 허욕, 공동의 소유에 대한 이기적 약탈)이다. … 그리고 이 새로운 사회는 … 착취받고 억압받는 대다수를 희생시켜 소수를 발전시키는 것과 다름없었다. 그리고 오늘날은 과거의 어느 때보다도 더욱 그러하다.[165]

우리가 원하는 사회가 원시공산주의라 할지라도, 우리는 그것으로 되돌아갈 수 없을 것이다. 그것은 인류의 99.9퍼센트가 사라져야 한다는 것을 의미할 것이다(3만 년 전 프랑스 남부의 수렵·채집 인구는 400명 정도였고, 1만 년 전 세계 인구는 1000만 명 정도였다). 그러나 마르크스와 엥겔스는 그럴 필요가 없다고 주장했다. 자본주의가 엄청난 부를 창출해서, 인류 역사상 처음으로 원시공산주의가 아니라 "발전한 공산주의"를 상상하는 게 가능해졌다. 더욱이 이를 향해 나아가지 않는다면, 우리는 단순히 현존 사회의 지속이 아니라 "투쟁하는 계급들 간의 상호 파괴"를 통한 퇴보를 겪게 될 것이다. 엥겔스가 《가족, 사적 소유, 국가의 기원》의 말미에서 이야기한 것처럼, 우리는 "계급들의 존재가 더는 필요하지 않을 뿐 아니라 그 존재가 오히려 생산에 직접적 장애가 되는 생산의 발전 단계"에 도달하고 있다.[166]

3장 여성 억압의 기원

《가족, 사적 소유, 국가의 기원》은 물론 계급과 국가의 등장에 대한 책만은 아니었다. 이 책은 여성 억압의 기원에 관한 책이기도 했다. 책의 요지는 다음과 같다. 여성은 계급이 등장하기 전에는 남성에게 종속돼 있지 않았으며, "역사에 등장하는 최초의 계급 적대는 일부일처제 결혼에서 남성과 여성 사이 적대의 발전과 동시에 일어나며, 최초의 계급 억압은 남성에 의한 여성 억압과 동시에 일어난다"는 것이다.[167]

이와 관련해, 엥겔스는 의심할 여지없이 옳았다. 엘리너 리콕 등이 매우 세심하게 수집한 증거에 따르면, 17~19세기에 유럽인 이주민이 조우한 유랑 수렵·채집민 사이에서는 여성에 대한 남성의 지배가 존재하지 않았다.[168] 여성과 남성 사이에는 분업이 존재했다. 남성은 수렵을 대부분 책임졌고, 여성은 채집을 대부분 책임졌다. 그러나 채집이 대개 수렵보다 평균적 식단의 더 많은 부분을 생산했기 때문에, 이것이 필연적으로 남성과 남성의 노동이 여성과 여성의 노동보다 더 높게 평가받는 것으로 이어지진 않았다. 인류학자인 어니스틴 프리들은 예를 들어 오스트레일리아 원주민들의 경우처럼 소수의 사회들에서는 고기가 식단의 중심 구성 요소여서 남성이 여성보다 지위가 더 높았다는 점을 인정한다.[169] 그러나 그녀의 주장에 따르면,

> 매일의 일상사와 관련해 남성과 여성이 모두 개인적 결정을 내리는 것이 가능하다. … 남성과 여성은 모두 사냥을 할지 채집을 할지, 누구와 할지 등 자신들이 하루하루를 어떻게 보낼지 자유롭게 결정한다.

그녀는 가령 야영지를 새로운 곳으로 옮길지 토론해야 할 때, 여성과 남성 모두 토론에 참여한다고 적고

있다.[170] 그리고 여성은 여전히 다른 누구에게 기대지 않고 큰 힘을 행사한다. 그래서 예를 들어 오스트레일리아 원주민들의 경우, "나이가 든 여성은 자신의 결혼 생활과 자기 아들딸의 결혼 생활에 영향력을 행사"하며, 결혼한 여성은 흔히 결혼하지 않은 젊은 남성과 바람을 피운다. 이것은 거의 모든 계급사회의 성적 행동 규범에 비춰 보면 저주받을 행동이다.[171]

엘리너 리콕 학파의 인류학자들은 훨씬 더 나아간다. 그들은 프리들이 남성이 여성보다 지위가 더 높은 적이 있음을 보여 준다고 인정한 증거가 단지 그것을 수집한 서구 관찰자들의 편견을 반영할 뿐이라고 주장하며 무시한다.[172]

원예농업에 기반을 둔 사회들도 마찬가지로 계급사회가 "여성의 지위"에 관해 갖고 있는 관념들이 부재하다. 때때로 혈통 집단들과 가구들 사이에 위계의 초기 단계가 존재할 수 있는 것처럼, 남성에게 여성보다 더 높은 자리를 주는 위계의 초기 단계가 존재한다. 남성(혹은 적어도 *일부* 남성)이 여성보다 더 큰 의사 결정권을 가지고 있을 수도 있다. 그러나 여전히 여성에 대한 체계적 억압은 존재하지 않는다. 여성은 자신들만의 의사 결정 영역을 보유하며, 배우자가 내놓은 결정에 반대할 수 있다.

대개 사람들이 누구와 결혼할 수 있는지 제한하는 구조들이 존재한다. 클로드 레비스트로스가 만든 영향력 있는 학파인 구조주의 인류학자들은 이것을 여성이 단순히 남성들 사이 교섭의 대상물로 취급됐다는 의미로 해석한다. 그러나 캐런 색스, 크리스틴 워드 게일리, 어니스틴 프리들 등등이 강조했듯이, 사람들이 누구와 결혼이 허용되는지 정하는 것은 남성 자체가 아니라 "친족 공동체"의 혈통 집단들이다. 그리고 나이 든 남성뿐 아니라 나이 든 여성도 대개 이 결정에 참여한다.

이것은 인류학자들이 "모계제"나 "모처제"라고 묘사하는 사회들에서 가장 명백한 사실이다. 모계사회들에서 혈통은 여성의 핏줄을 따른다. 그래서 누군가에게 가장 중요한 혈연은 (다른 혈통 집단에 속하는) 자기 아버지가 아니라 어머니와 어머니의 남자 형제다. 같은 방식으로, 남성이 주된 책임을 지는 아이들은 자신의 생물학적 아이들이 아니라 자기 여자 형제의 아이들이다. 모처사회들에서는 남성이 스스로 가구를 꾸리지 않고 자신의 아내와 그녀의 자매와 어머니가 운영하는 가구로 옮겨 간다.

모처사회이면서 모계사회인 곳에서 남성은 자신이 실제로 살고 있는 가구 안에서 행사하는 권위가 매우 작다. 남성의 공식적 권리와 책임은 항상 다른 혈통 집단의 일부인 다른 가구에 있다(이 가구에 그의 어머니와 여자 형제, 여자 형제들의 아이들이 속해 있다). 남성은 여기서 권위를 일부 발휘할 수도 있다(그래서 이 사회들이 어머니의 지배를 받는 사회인 "모권제"가 아닌 것이다). 그러나 그들이 이 가구에서 살고 있지 않기 때문에, 필연적으로 이것은 제한적 권위이며 여성의 권위보다 절대 더 크지 않다.

중요한 점을 지적하자면, 여성이 모든 곳에서 남성들 사이 협상의 대상물이라고 단언하는 구조주의 학파는 이런 사례들을 거의 언급하지 않는다.[173]

모든 모계사회가 모처사회인 것은 아니다. 가령, 이보족이 사는 나이지리아 동부 오하피아 지역의 경우,

혈통이 모계를 따르지만 거주는 남편의 친족이 있는 곳에서 한다. 그러나 이곳에서도 아내는 남편에게 종속돼 있지 않다.[174] 이 사회에서 "이혼은 대개 단지 어느 한쪽 배우자가 바라기만 하면 허용"되고 "딸을 매우 소중히 여기며 … 남편과 아내의 … 관계는 … 서로 존중하고 순응하는 관계인 것으로 보인다."[175]

마지막으로 혈통이 부계를 따르고 결혼 후에 남편의 가족과 함께 사는 원예농업 사회들이 존재한다. 그러나 이런 곳에서조차 여성은 여전히 계급사회들에서 일반적인 것보다 훨씬 더 큰 영향력을 가진다. 이런 영향력은 혈통 집단들을 통해 행사된다. 여성은 단지 아내로 낯선 가구와 혈통 집단에 종속된 것이 아니다. 그녀는 자매나 남매 중 한 명으로, 자기 혈통 집단의 의사 결정에 영향을 미치는 사람이기도 하다. 그리고 그녀의 남편 친족은 그녀의 혈통 집단과 좋은 관계를 유지하길 원할 것이다. 아내라는 지위는 남편 쪽 친족(남편의 어머니와 여자 형제를 포함한다)에게 그녀의 생산물에 대한 일정한 통제력을 부여한다. 그러나 자매나 남매 중 한 명이라는 지위는 역으로 그녀의 남자 형제와 그들 아내의 생산물에 대한 일정한 청구권을 그녀에게 부여한다. 일생을 살아가는 동안, 그녀는 주로 종속적 "아내"로 간주되는 위치에서 주로 "자매나 남매"와 "어머니"로 여겨지는 위치로 이동할 것이다. 그리고 그녀 자신이 "노동과 생산수단"의 "통제권자"다.[176]

이곳은 개별 여성이 자기 배우자의 변덕에 지배당하는 고립된 핵가족의 세계가 아니다. 아버지가 아내와 아이들, 종복들에게 강압적으로 명령하는 가부장적 가구의 세계도 아니다. 이곳은 남성이든 여성이든 모든 이가 상호 권리와 책임의 망 안에 연결돼 있는 세계다. 이 권리와 책임은 인생의 단계마다 달라지며 다양한 방식으로 사람들이 누리는 자유의 범위를 설정하지만, 여전히 계급사회들에서 일반적인 것보다는 더 많은 자율성을 사람들에게 남겨 둔다.[177]

여성이 한 가구(아버지의 가구)에서 다른 가구(남편의 가구)로 이동하는 것이 구조주의 인류학자들에게는 남성들 사이에서 여성이 "교환"되는 것으로 비친다. 그러나 여성은 남성들 사이에서 이동하는 것이 아니라 혈통 집단들 사이에서 이동하며, 각각의 혈통 집단에는 다른 여성들도 포함돼 있다. 그녀의 지위는 한 가구에서는 손실로, 다른 가구에서는 이득으로 받아들여지는 성질의 것이었다. 남편의 아버지는 대개 이런 손실을 보상하기 위해 그녀의 부모 가구에 재물(유럽인들이 "신부값"이라고 부르는 것)을 건네야 했다. 이것은 여성을 폄하해 여성의 가족이 그녀를 떠나보내기 위해 지참금을 지불해야 하는 사회들과는 현저하게 다른 상황이었다. 그리고 게일리가 통가에 대해 이야기한 것처럼, 여성 자신이 결혼을 통해 "개인적 지위와 자율성의 증진"을 얻을 수 있다.[178]

구조주의자들은 계급사회 이전 사회들에서 서로 다른 혈통 집단들을 하나로 묶는 호혜적 책무들을 자본주의의 상품 교환과 혼동한다. 그 결과 그들은 "여성이 귀중한 사람으로 이곳저곳 이동하면서 자신의 이동으로 만들어진 관계망 안에서 적극적으로 활동하고 이 관계망을 능숙하게 다루는" 상황을, 여성을 사실상 상품으로 취급하는 것으로 혼동한다.[179]

현존하는 거의 모든 원예농업민들의 경제가 화폐가 이용되는 세계경제로 통합돼 있기 때문에 이렇게 혼동하기가 더욱 쉽다.[180] 시장의 재화를 소비하기 위한 사람들의 화폐 욕구는 그들로 하여금 과거 호혜적 책무의 관계들을 새로운 방식, 즉 현금을 벌기 위한 수단으로 보게 한다. 촌락 바깥의 시장과 직접적으로 관계하는 것은 대개 남성들이고, 이것은 전에는 결코 가져 본 적 없는 힘과 지위를 그들에게 부여하는 경향이 있다. 자본주의 세계와의 접촉은 원예농업 사회들이 자본주의적 사회관계들을 모방하도록 만든다. 그러면 서구 인류학자들은 이것이 자본주의에서 전형적인 사회관계들이 모든 사회에서 보편적임을 입증하는 것이라고 주장한다.

초기 농업 사회들을 과학적으로 분석하려면 이런 왜곡들을 도려내야 한다.

엘리너 리콕이 제시하는 것처럼, 우리는 한때 모계제가 보편적이었는지 여부를 결코 알 수 없을지도 모른다. 우리에겐 세계경제의 충격을 받기 전의 문자 사용 전 단계 사회들을 구체적으로 연구할 방법이 전혀 존재하지 않기 때문이다. 그렇지만 우리가 말할 수 있는 것이 있다. 여성 억압의 경험은 전혀 보편적이지 않았으며, 계급 분할과 국가의 등장과 함께 비로소 사회의 체계적 특징이 됐다는 점이다. 이와 관련해, 엥겔스는 100퍼센트 옳았다.

사소한 오류들

그렇지만 엥겔스는 그 자신이 중요한 것으로 받아들인 몇 가지 부차적 문제에서 크게 틀렸다. 이 때문에 《가족, 사적 소유, 국가의 기원》은 비판적으로 읽지 않을 경우 오해하기 쉬운 책이다.

그는 혈통 집단 사회들(이 사회에서는 가령 혈통 집단에서 동일한 세대의 모든 여성은 "자매"로 불리고 부모 세대의 모든 남성은 "아저씨"로 불린다)에서 존재하는 친척 분류가 그 이전의 상당히 다른 사회조직 형태와 유사했을 거라는 견해를 모건으로부터 가져왔다.[181] 엥겔스는 친척을 분류하는 체계가 가족의 역사를 해독하게 해 주는 "사회적 화석"이라고 주장했다. 이 "화석"들이 한 무리의 형제[또래 남성]와 한 무리의 자매[또래 여성]가 [서로 배우자를 공유하며] 결혼하는 "군혼" 단계가 존재했음을 입증한다는 결론도 모건으로부터 가져왔다.[182] 그는 이것이 "야만의 특징"인 반면 [쌍방이 쉽게 이혼할 수 있는 단혼제인] "대우혼"은 미개의 특징이라고 주장했다.[183]

사실 우리가 이미 살펴봤듯이, 군혼은 차치하고 강력한 혈통 집단도 유랑 수렵·채집 생활("야만")의 특징이 아니다. 이 사회는 여러 부부와 그 자녀가 군집을 이루는 유연한 조직을 특징으로 한다.[184] 엥겔스는 혈통 집단 조직들을 성적 관계가 "소박하고 원시적인 자연 그대로의 성격"을 가졌던 시대의 유물로 봤다.[185] 그러나 혈통 집단 조직은 실제로는 초기 농업이 수백 명의 거주민들로 이뤄진 촌락의 형성을 가능하게 한 상태에서 사회를 조정하던 복잡한 기구였다. 그것은 사실 낡은 "재생산 관계"의 어떤 잔존물이 아니라 생산력 발전의 표현이었다. 엥겔스가 틀린 것은 그의 기본적 마르크스주의 방법론이 틀렸기 때문이 아니라 그가 이것을 충분히 일관되게 적용하지 않았기 때문이었다.

그가 "원시적 무규율"이라고 부른 훨씬 더 이른 형태

의 가족을 해독하려 한 것도 실수였다. 그는 이 단계가 유인원 조상이 인간으로 진화하던 때에 존재했을 것이라고 주장했다. 이것만이 자연을 극복하는 데 필요한 협력 시도들을 완전히 방해하는 "수컷의 질투심"을 막을 수 있었기 때문이라는 것이다. 그러나 한두 쪽을 더 넘기면, 그의 논리는 무너져 버린다. 그는 "질투가 비교적 나중에 발달한 감정"이라고 적고 있기 때문이다(앞서 봤듯이 고릴라와 침팬지에 대한 연구가 시사하는 바에 따르면 이것이 올바른 결론이다).[186] 그리고 "원시적 무규율"에 해당하는 것에 대한 엥겔스의 이해 자체가 전혀 명료치 않다. 어느 순간에는 그것이 우리가 오늘날 "일시적인 개별적 대우對偶 관계"에 기반한 "연속적 일부일처제"라고 부르는 것 이상이 아니라고 암시하기 때문이다.[187]

사실, 엥겔스는 여기서 그도 우리도 확실히 아는 것이 전혀 없는 매우 긴 시기(300만 년 이상)에 관해 맹목적 추측에 빠지는 잘못을 저지른다. 우리는 유인원 조상들이 침팬지처럼 수컷 중심적 집단으로 조직됐는지, 피그미침팬지처럼 암컷 중심적 집단으로 조직됐는지 알지 못한다. 그리고 현대 유랑 수렵·채집민들의 특징적 조직 형태가 어떻게 등장하게 됐는지도 확실히 알지 못한다. 우리가 알고 있는 것에 충실한 편이 더 낫다. 즉, 살아남은 수렵·채집민들 사이에서 여성과 남성의 관계는 계급사회에서 당연시되고 인간 본성에 관한 대부분의 관념들 속에 구현돼 있는 관계들과는 매우 다른 것이었다.[188]

또 다른 잘못이 하나 있다. 이것은 엥겔스 자신이 실제로 범한 것은 아니지만, 흔히 그의 옹호자들과 반대자들 모두가 그의 탓으로 돌리는 잘못이다. 남성 지배 이전에 여성 지배의 시기가 있었음을 함축하는 "모권제"란 용어의 사용이 그것이다. 이 용어를 이용하는 이들은 계급 지배와 국가 비슷한 것이 항상 존재했다고 가정하고는 다만 한때 그것이 남성이 아닌 여성의 지도 아래 있었다고 하는 것이다. 엥겔스는 명백히 이런 생각을 거부했다. 그는 후손이 여성의 핏줄을 따르는 것을 묘사하기 위해 독일의 저술가 요한 야코프 바흐오펜으로부터 "모권"이라는 용어를 가져왔다. 엥겔스는 이것이 어떤 단계에서는 보편적이었을 것이라고 믿었

3장 여성 억압의 기원 149

다. 그러나 그는 다음의 문장들을 덧붙였다. "나는 간결함을 위해 이 용어를 계속 사용한다. 그렇지만 이런 선택이 내키는 것은 아니다. 이런 사회 단계에서는 법적 의미의 권리 같은 것이 존재하지 않기 때문이다."[189] 확실히 수렵·채집 사회와 초기 농업 사회 모두의 특징은 여성과 남성이 모두 의사 결정에 참여하며 한쪽이 다른 쪽을 배제하지 않는다는 점이다.

엥겔스의 주장 재검토

엥겔스의 최고 순간은 그가 여성 억압의 등장, 그의 식으로 말하면, "여성의 세계사적 패배"를 묘사하고 이를 계급사회의 등장과 관련시킬 때다. 그러나 이런 패배 이면에 놓인 기제들을 설명하려 할 때, 그의 주장은 이따금 우물쭈물한다. 그는 왜 새로운 계급사회에서 지배자가 필연적으로 남성인지 보여 주지 않는다. 그는 남성이 식량과 생산도구를 모두 생산하게 됐고, 이것이 필연적으로 남성에게 소유권과 잉여에 대한 통제권을 부여했으며,[190] 그들은 소유권을 아내의 친척이 아니라 자신의 아들에게 상속하길 원했다고 말한다. 그러나 그는 수천 년 동안 남성과 가장 가까운 관계가 자기 여자 형제들의 아이들이었는데, 왜 갑자기 이런 욕망이 생겨나게 됐는지 보여 주지 않는다.[191] 엥겔스의 주장에 존재하는 간극을 메우기 위해 두 가지 종류의 시도가 이뤄졌다.

첫째, 엘리너 리콕과 크리스틴 워드 게일리와 같은 이들의 설명이 있다. 그들은 국가의 등장이 끼친 충격을 강조했다. 국가는 여성이 영향력을 행사하던 과거의 혈통 집단을 분쇄했다. 국가는 사회의 나머지 부분을 새롭게 등장한 지배계급에 종속시킨다. 그러나 이것은 오랜 혈연 공동체들이 누리던 "상대적 권위와 자율성"의 파괴를 의미한다. 그 공동체들이 살아남는다 할지라도, 그것은 국가와 지배계급의 요구를 인민대중에게 강요하기 위한 전달 벨트로서다. 그리고 이것은 이런 공동체 구성원들의 생산에 대한 결정권뿐 아니라 재생산에 대한 결정권까지 빼앗아 가는 것을 포함한다. 생물학적 재생산자로서 여성은 패배한 것이다.[192]

그러나 이런 설명은 그 자체만으로는, 왜 새로운 지배계급과 국가 내에서 여성이 남성과 동등한 몫의 권력과 영향력을 차지하지 못했는지, 왜 여성이 착취계급 사이에서도 대개 종속적 역할로 격하됐는지에 관해, 엥겔스의 설명보다 더 나은 설명을 하지 못한다. 이것은 옛 질서의 붕괴를 설명하지만 새로운 질서에 존재하는 성별 위계는 설명하지 못한다.

고든 차일드와 어니스틴 프리들이 다른 방식으로 제시한 대안적 설명은 생산에서 여성의 역할과 역사 발전의 서로 다른 지점들에서 생물학이 한 역할을 강조한다.

고든 차일드는 초기 신석기시대에는 여성이 생산에서 주된 역할을 했다고 지적한다. 분업이 존재했고, 남성이 짐승 떼를 돌봤다. 그러나 그의 주장에 따르면, 신석기 혁명의 핵심은

> 적당한 식물과 이것의 적절한 재배법을 발견하는 것, 땅을 갈고 곡물을 수확·저장하고 식량으로 가공하기 위한 특수한 도구들을 발명하는 것이었다. … 민속지적 증거로

판단해 볼 때, 이 모든 발명과 발견은 여성의 업적이었다. 토기 제작의 화학, 실잣기의 물리학, 베틀의 역학, 아마와 면화의 식물학도 여성의 공로로 인정해야 할 것이다.[193]

그리고 "집단 경제에서 여성의 기여가 한 역할 때문에 친족 관계는 자연스레 모계를 따르고 '모권'제가 널리 행해진다."[194]

그렇지만 주요 농업 도구가 괭이와 뒤지개에서 쟁기로 대체되면서 이 모든 것이 변화했다. 가축 사육이 이미 남성의 영역이었고, 쟁기를 사용하면서 경작지에서의 농사일도 마찬가지로 남성의 영역이 됐다. 이는 생산에서 여성의 지위를 급격하게 격하시켰다.

쟁기는 … 여성을 가장 힘든 고된 일에서 벗어나게 해 줬지만, 곡물에 대한 여성의 독점과 이로부터 나온 사회적 지위를 여성에게서 빼앗았다. 미개인들 사이에서 여성이 보통 괭이로 밭을 일구는 반면, 쟁기를 쓰는 건 남성이다. 심지어 가장 오래된 수메르와 이집트의 자료들에서도 쟁기꾼은 확실히 남성이다.[195]

어니스틴 프리들은 원예농업 사회들에서 남성과 여성의 상대적 지위는 그들의 생산 기여를 따른다고 주장한다. 예를 들어, 여성이 기본 작물을 생산하고 남성이 교환용 작물을 생산하는 경우가 있는가 하면, 남성이 기본 작물을 생산하고 여성이 교환용 작물을 생산하는 사회도 있다.[196] 남성이 더 높은 지위를 차지하는 것은 첫째 부류의 사회다. "남성 지배의 우세는 가내 집단 외부로 재화를 분배할 권리를 남성이 여성보다 더 많이 누리는 경우가 빈번해진 데서 비롯한다."[197]

프리들은 대부분의 사회에서 특정한 행동들이 여성보다는 남성에 의해 이뤄지는 경우가 많다는 점을 지적한다. 일부 수렵·채집 사회들에서는 여성도 사냥을 하지만 "임신 말기 단계에는 사냥을 못 하게 하고 … 출산 후에는 아기를 안고 다녀야 하는 부담 때문에 금지된다."[198] 초기 농업 사회들에서는 양성 모두 수공업에 종사할 수 있지만 "금속 가공은 거의 전적으로 남성의 기술이다."[199] 그리고 전부는 아니더라도 대부분의 사회에서 오직 남성만이 전사가 된다.

생물학적 강제와 사회적 필요 사이의 상호작용이 이

런 분업 변화의 근저에 있다. 어떤 사회든지 생존하려면, 인간종이 자신을 재생산해야만 한다. 그러나 재생산의 규모(성인 여성에게 몇 명의 아이를 요구하는지)는 매우 다양하다. 앞서 봤듯이, 유랑 수렵·채집 사회에서는 아이들 사이에 터울을 둬서 여성이 한 번에 한 아이 이상 책임지지 않는 것이 장려된다. 반면, 농업 사회에서는 각각의 아이가 잠재적 추가 경작자이며 더 높아진 사망률, 전염병에 더 취약한 조건, 끝없는 전쟁에 의한 파괴를 상쇄할 필요가 존재한다.[200] 따라서 출생률이 더 높을수록 사회가 더 성공적으로 존속할 가능성이 높다. 여성을 죽음·불임·유산이란 가장 커다란 위험에 노출시키는 (전쟁, 장거리 이동, 육체적 힘이 크게 필요한 농사일 같은) 활동이나 어미의 젖에 의지하는 어린아이들을 위험에 빠뜨리는 활동에 여성이 참여하지 않는 것이 (여성 자신을 포함한) 사회 전체에 이득이 된다.

이것은 왜 괭이와 뒤지개에 의지하는 사회에서는 대개 여성이 대부분의 식량 생산을 하지만 쟁기와 가축 사육에 의지하는 사회에서는 그렇지 않은지 설명해 줄 것이다. 전자의 활동은 고되고 피곤한 육체노동을 수반한다 해도 후자의 경우에 그러는 것처럼 과도하게 재생산율에 영향을 줄 가능성이 높지는 않다. 이런 사회에서 여성은 물리적 재생산이란 측면에서 촌락, 혈통 집단, 가구에 남성보다 더 가치 있는 존재다(그래서 자신들을 위험하게 하거나 적어도 재생산 능력을 위험하게 하는 활동을 피한다).

그 결과, 수렵·채집 사회와 초기 농업 사회에서는 여성이 재생산뿐 아니라 생산에서도 중심에 있다. 그러나 중농업[집약 농업]과 도시 혁명이 등장하고 "공동체" 혹은 "친족 공동체" 사회에서 계급사회로 이동하면서, 여성은 가장 큰 잉여를 생산하는 종류의 생산들에서 배제된다.

신세계에서는 유럽의 정복으로 쟁기가 도입되기 1500년 전에 계급이 등장했기 때문에, 단지 쟁기와 가축 사육만으로 평가하는 것은 충분치 않다.[201] 그렇지만 다른 방식으로 중농업으로의 전환이 있었다. 바로 지역적 관개시설을 최초로 활용한 것이다. 그리고 일반적으로 여성이 자신의 재생산 역할로 인해 배제되는 여타 활동(장거리 무역과 전쟁)이 증가했다. 이런 활동들은 모두 특정 사회에서 이용 가능한 잉여를 증가시켰다. 이 모든 것은 여성보다는 남성에 의해 수행되는 경향이 있었다. 그리고 이 모든 것은 크게 존경받던 사람들의 집단이 지배계급으로 변형되는 것을 조장했다.

이런 새로운 생산 활동이란 짐을 지게 된 남성들은 대부분 지배계급의 일원이 되지 않았다. 대부분의 쟁기꾼은 왕자가 되지 않았고, 대부분의 병사는 장군이 되지 않았다. 그리고 그들 중 아무도, 대개 최초의 지배계급이 돼 어떤 종류의 고된 노동에도 **결코** 관여하지 않은 사제층을 구성하지도 않았다. 그러나 새로운 생산 형태들은 게일리와 리콕의 설명에서 핵심 요소인 공동체적 조직 형태들에 토대를 둔 과거의 혈통 집단이 붕괴하도록 조장했다.

식량 생산의 상당 부분이 여성에 의해 수행되는 한, 토지와 그 밖의 생산수단이 모계를 중심으로 돌아가는 혈통 집단의 통제 아래에 있는 것이 모든 사람에게 타당한 것이었다. 이것은 여러 세대에 걸친 경작의 지속을 보장했다. 한 여성, 그의 자매들, 그들의 배우자는

3장 여성 억압의 기원 157

자신들의 딸들이 혈통 집단의 토지를 경작해 노년에 자신들을 부양할 것이라고 기대할 수 있었을 것이다. 토지를 아들에게 물려주지 않았다는 사실은 어머니에게든 아버지에게든 문제가 되지 않았다. 아들은 식량 생산의 주된 부담을 지지 않을 것이기 때문이다.

그렇지만 일단 주된 식량 생산자가 남성이 되자, 상황은 변화했다. 한 부부가 더 이상 자신들만으로는 물리적으로 생계를 온전히 유지할 수 없게 되자, 그들은 자신들을 부양할 다음 세대의 남성을 생산하는 데 의존하게 됐다. 어떤 특정 가구의 생존은 여성들 사이의 관계보다는 한 세대의 남성과 다음 세대의 남성 사이의 관계에 훨씬 더 의존하게 됐다. 아버지 여자 형제의 아들들에 의존하는 것보다 부부의 아들을 부모 가구에 있도록 만들려고 노력하는 것이 훨씬 더 믿음직스러웠다. 아버지 여자 형제의 아들들도 다른 혈통 집단들(그들의 아내 쪽 혈통 집단)이 관리하는 토지에서 일하게 될 것이기 때문이다. 부계제와 부처제가 모계제와 모처제보다 생산의 논리에 훨씬 더 잘 들어맞기 시작했다.

이동 경작(화전 경작) 농업이 동일 토지에서의 지속

경작으로 대체되면서, 이런 발전이 촉진됐다. 이것은 한 세대 이상이 걸리는 토지개량 조처들이 필요했다. 이 조처들은 주로 남성에 의해 수행됐을 것이며, 따라서 동일한 토지와 연결된 연속된 세대의 남성 경작자들 사이의 관계에 대한 새로운 강조를 통해 촉진됐을 것이다.

최종적으로, 혈통 집단들을 희생시키고 등장한 계급과 국가는 하층계급들 사이에서 남성 지배를 조장했다. 남성이 주된 잉여의 생산자였기 때문이다. 새롭게 등장한 권력체들은 바로 남성들에게 곡식의 일부를 넘겨줄 책임을 지웠다. 그리고 남성들은 이후 이런 요구들을 가구 단위 전체에 강요해야 했을 것이고, 노동을 지시하고 소비를 통제하기 시작했을 것이다.

계급, 국가, 여성 억압

모계·모처 관계가 원래 보편적이었는지 여부는 이 개요에서 별로 중요하지 않다. 그것이 오직 소수의 사례들로만 존재했다 하더라도, 일단 농업이 일정 지점을 넘어 발전하게 되면 거의 모든 곳에서 부계 관계로 대체됐을 것이기 때문이다. 그리고 계급과 국가의 발전은 역으로 부계제(혈통이 아버지의 핏줄을 따르며 복잡한 친족 관계망의 제약을 받는다)를 남성 연장자가 가구를 지배하는 가부장제로 변형하기 시작했을 것이다.

그러나 계급과 국가의 발전이 하룻밤 만에 일어난 일은 아니었다. 그것은 수백 년, 심지어 수천 년이 걸린 과정이었다. 최초의 지배계급이 된 이들은 앞선 무계급 사회들에서 자원을 자신들의 수중에 집중시킴으로써 (비록 이 자원을 사회의 나머지 사람들에게 다시 재분배해 줘야 했지만) 높은 지위를 획득했던 선조들을 둔 이들이었다. 그리고 이런 사회들이 이미 부계제로의 이행을 시작했었기 때문에, 그런 선조들은 주로 남성이었다.

이와 관련돼 있는 것은 단일한 이행의 계기가 아니라 장기적인 변증법적 발전 과정이다. 부계제로의 이행은 남성이 사회의 자원을 통제하는 핵심 인물로 등장하는 것을 촉진했을 것이다. 이는 역으로 가구들 내에서 가부장제가 등장하는 것을 촉진했을 것이다. 그리고 그 후 가구 내에서의 가부장제는 지배계급과 국가 내부에서 남성의 지배를 촉진했을 것이다. 지배계급과 국가는 과거에 혈통 집단이 갖고 있던 결혼에 대한 통제권을 자신들의 이해에 맞게 바꾸기 시작했을 것이다. 그 결과 한때 호혜성의 유대를 통해 사회 전체를 하나로 묶어 주던 혈통 집단들 사이의 통혼은 지배적 남성 혈통의 수중에 자원을 집중시키기 위한 의식적 "여성의 교환"으로 변형됐다.

재생산자일 뿐 아니라 핵심 생산자였던 여성은 이제 사회의 모든 수준에서 남성에게 굴종하게 됐다. 피착취계급의 여성은 여전히 노동했다. 그러나 전체적으로는 여성이 남성보다 사실상 더 많이 생산하는 경우가 빈번했는데도 그때조차 여성은 사회의 다른 부분과 가구 사이의 관계를 결정하는 핵심 잉여를 생산하거나 통제하지 않았고 따라서 여전히 남성(더 정확하게 말하면, 가부장적 농경 가구나 수공업 가구에서 여성과 젊은 남성을 모두 지배한 한 명의 남성)에게 종속돼 있었다. 유일한 예외는 이따금 가구에 남성이 부재하거나(가령 일부 어업 공동체나 일부 수공업 집단에서 남편이 일찍 죽은 경우) 일정한 무역 형태들에 여성이 참여해(가령 서아프리카 일부 지역) 여성에게 잉여에 대한 통제권이 주어지는 경우였다. 이런 경우에 여성은 일종의 여성 가부장이 됐다. 그러나 이런 경우들은 항상 예외로서 지배적인 경우가 아니었다. 그리고 물론 생산이 노예의 집단 노동에 의거하고 있는 경우, 사회의 밑바닥에는 가구도 남성 지배도 전혀 존재하지 않았다.

지배계급의 여성은 다른 방식으로 억압받았다. 그들은 서로 다른 지배자들 사이에서 책략의 노리개가 돼 한 지배자의 지위를 높이기 위해 다른 지배자를 희생시키는 데 이용됐다. 따라서 비록 그들이 사회의 나머지 부분을 착취하는 데 참여하긴 했지만, 지배계급 남성과 완전히 평등한 위치에 서거나 자신들의 이익을 위해 사태를 주도한 경우는 드물었다. 극단적인 경우, 여성은 장막 안이나 하렘처럼 여성들만의 세계에 유폐됐다. 이 세계에서 그들이 더 넓은 세계에 참여할 수 있는 유일한 방법은 한 다리를 건너 남편이나 아들의 애정을 조종하는 것을 통해서였다. 또, 이따금 모든 권력을 자신의 손에 쥔 여왕이나 [죽은 남편의 작위와 재산을 물려받은] 귀족 여성과 같은 예외가 있었다. 그러나 이 경우도 예외일 뿐 결코 지배적인 경우가 아니었다.

그렇다면 엥겔스는 가부장적 가족의 등장과 관련된 과정들 일부를 설명하면서 잘못을 저질렀을지 모르지만, 이것을 역사적으로 새로운 것이라고 단언하고 여성의 "세계사적 패배"로 본 것, 단순한 "혁명"이 아니라 인류가 역사에서 "여태껏 경험한 가장 결정적인 혁명 중 하나"라고 본 것은 옳았다. 그 사회의 "살아 있는 구성원 한 사람도 건드릴 필요가 없는" 방식으로 일어났다고 덧붙인 것도 옳았다.

사회의 꼭대기부터 밑바닥까지 일어난 현실의 변혁은 필연적으로 이데올로기의 변혁 속에 반영됐다. 초기 신석기시대의 선사 사회 유물 중에는 여신 숭배를 시사하는 여인상이 많은 반면 남근상은 별로 없다.[202] 일단 계급사회가 발전하면, 남신들의 역할을 점점 더 강조한다. 그래서 기원전 5세기 이후 유라시아 대륙 대부분을 지배한 거대 종교들은 전능한 남성 유일신을 특징으로 한다. 때때로 유력한 여성들의 종속적 역할을 인정했을지라도, 지배자와 피지배자 모두의 이데올로기는 남성 지배 이데올로기가 됐다.

엥겔스는 또 다른 것도 주장했다. 생산수단의 더 큰 발전이 가족 형태와 여성 억압의 성격에 또 다른 변화를 가져왔다는 것이다. 그는 고대 노예제 생산양식이 봉건제로 대체되면서 이런 일이 일어났다고 주장했다. 그에 따르면, 이와 함께 "일부일처제 가족"이 "가부장적 가구"를 대체하는 일이 일어났다. "새로운 일부일처제는 … 남성 지배에 한결 부드러운 형태를 부여했고, 여성들에게 적어도 외견상으로 고전적 고대의 그 어느 때보다도 훨씬 더 자유롭고 존경받는 지위를 점하는 것을 허용했다."[203]

여기서 변화의 세부 내용이 우리의 관심사인 것은 아니다. 중요한 점은 계급사회 안에서조차 가족과 여성 억압의 성격에 변화가 있어 왔다는 엥겔스의 통찰이다. 이 모든 과정을 현대의 많은 여성주의 이론가들이 시도해 온 방식처럼 '가부장제'라는 단일한 범주 아래로 뭉뚱그릴 수는 없다. 착취계급 가족과 피착취계급 가족 사이에는 항상 커다란 차이가 존재해 왔다. 로마의 노예주 가족과 로마의 노예 가족을 쉽사리 등치시킬 수는 없다. 봉건 영주의 가족과 봉건 농민의 가족도 마찬가지다. 그리고 한 지배계급에서 다른 지배계급으로 옮겨 가 보면, 가족 안에 상당한 차이가 존재해 왔다. 지배계급 여성이 종속적이지만 공적 역할을 하는 사회(초서나 보카치오의 눈으로 본 봉건 유럽)는 여성이 장막 안에서 사는 사회와 중요한 점들에서 다르다. 신부값이 존재하는 사회는 신부의 혼인 지참금이 존재하는 사회와 다르다. 이렇게 말하는 것은 각 경우에 존재하는 여성 억압을 무시하려는 것이 아니라 여성 억압이 겪은 변화들을 강조하려는 것이다(이것은 여성 억압이 어떤 인간 본성의 발현이 아니라 구체적 역사 발전의 산물이며, 더 큰 발전에 의해 제거될 수 있는 것이라는 점을 인식하기 위한 전제 조건이다).

《가족, 사적 소유, 국가의 기원》에서 가장 중요한 몇몇 구절은 이런 추가적 발전들을 개괄하기 시작한다. 엥겔스는 자본주의 아래에서도 노동자계급 여성이 (이전 계급사회들에서는 존재하지 않았던 규모로) 노동인구에 들어가 스스로 소득을 얻는다는 점을 강조한다.

대규모 산업이 여성을 가정에서 노동시장과 공장으로 이동시켰고 여성을 흔히 가족의 생계 부양자가 되게 만들기 때문에, 프롤레타리아 가정에서 남성 지배의 마지막 잔재물들은 모든 토대를 상실했다(아마 일부일처제의 성립과 함께 확고히 뿌리내리게 된 여성에 대한 야만적 행동들 일부는 예외겠지만 말이다). 따라서 프롤레타리아 가족은 더는 엄격한 의미에서 일부일처제가 아니다. 심지어 쌍방 간에 가장 열정적인 사랑을 하고 가장 엄격한 정절을 지키는 경우에도 말이다. … 여성은 사실상 분리의 권리를 다시 획득했고, 남성과 여성이 사이좋게 살 수 없게 될 때, 그들은 갈라선다.[204]

그러나 여성의 유급 노동인구 진입이 해방의 잠재력을 제공한다 하더라도, 재생산이 계속 개별 가족 내에서 조직되는 한 이 잠재력의 실현은 방해받는다.

여성[프롤레타리아 여성 — 지은이]이 자기 가족에 대

한 사적 봉사라는 의무를 다할 때, 그녀는 여전히 공적 생산에서 배제된 채 아무 수입도 벌 수 없다. 그리고 여성이 공적 산업에 참여해 독립적으로 자신의 생계비를 벌고자 할 때, 그녀는 자신의 의무를 다할 수 없는 처지에 놓인다.[205]

따라서 현 사회에서 여성은 모순적 상황에 처해 있다. 여성은 완전한 평등의 가능성을 볼 수 있으며, 그 결과 공동체적 생산이 파괴된 이래 유례없는 자신감을 가지고 남성 지배에 도전할 수 있다. 그러나 여성은 아이를 가지는 것을 단념하지 않는 한, 여전히 이런 평등을 달성하는 데 어려움을 겪는다. 엥겔스가 단언한 것처럼, 아무리 많은 법이 제정되더라도 이런 고통스러운 모순을 극복할 수는 없을 것이다. 그렇지만 법률 제정이 더 진전된 혁명적 변화의 필요성을 드러낼 것이기 때문에 그것을 환영해야 한다.

그러면 여성해방의 첫째 전제 조건이 여성 전체가 공적 산업으로 복귀하는 것이며, 또 이를 위해서는 개별 가족이 지닌 사회의 경제단위라는 성질이 폐지돼야 한다는 것이 명백해질 것이다. …
생산수단이 공동소유로 변화함에 따라, 개별 가족은 사회의 경제단위이기를 중단한다. 사적 집안일은 사회적 산업으로 전환된다. 아이들의 돌봄과 교육은 공공의 일이 된다.[206]

이것은 양성 사이의 관계를 완전히 변혁할 것이다. 엥겔스의 주장에 따르면 다음과 같다. 재생산과 소유권에 대한 강박이 사라지면, 사람들은 새롭고 진정 해방된 방식으로, 자유롭게 서로 관계 맺을 것이다. 우리는 단지 이런 새로운 관계가 어떨 것인지 "추측"할 수 있을 따름이다.

그것은 새로운 세대가 성장한 후에나 결정될 것이다. … 일단 그런 사람들이 등장하면, 그들은 오늘날 우리가 사람들의 의무라고 생각하는 것을 전혀 신경 쓰지 않을 것이다. 그들은 그들 자신의 실천을 확립하고 각 개인의 실천에 관한 그들 자신의 공론을 확립할 것이다. 그리고

그것이면 족하다.[207]

《가족, 사적 소유, 국가의 기원》의 이 구절은 그것이 지닌 현재성 덕분에 빛을 발한다. 비록 다른 부분들이 낡은 자료를 이용하고 이따금 순환논증을 범하는 문제가 있지만 말이다. 사실 엥겔스는 이 글을 쓰던 당시 자신의 시대보다 훨씬 앞서 있었다. 린지 저먼 등이 쓴 것처럼, 자본주의는 산업혁명 초기 단계에 노동자계급 사이에서 가족을 사실상 폐지했지만 그 후 19세기 후반기에는 다음 세대 노동자들의 사회화를 보장하는 유일한 방법으로 부르주아 가족 형태를 강제하고자 했다.[208] 그래서 법과 종교적 설교를 이용해 여성의 노동인구 참여를 제한하려는 시도들이 있었다. 그렇지만 제2차세계대전 이후, 가차 없는 자본축적 추구는 모든 곳에서 이런 제약들을 돌파해 갔다. 그래서 가톨릭 도덕관이나 이슬람 율법이 지배적인 나라들에서조차 노동인구 중 여성의 비율이 끊임없이 상승했다. 영국의 일부 부문에서는 여성이 이제 고용된 노동자계급의 다수를 점한다.

그러나 사회복지와 교육의 제공이란 부분에서 국가가 엥겔스의 시대보다 훨씬 더 큰 역할을 할 수밖에 없게 됐다 하더라도, 재생산은 여전히 사적인 상태로 남아 있다. 대부분의 여성은 임금노동자이며 전에 없이 독립적 삶을 살길 기대하지만, 여전히 핵가족이란 경계 안에서 다시금 육아의 짐을 감내하도록 강요받는 자신을 발견한다. 이로부터 과거에는 당연하게 여겨지던 많은 것들(불평등한 급료, 직업에 대한 성별 고정관념, 여성의 신체를 상품으로 대하는 태도, 가정 폭력, 불만스럽고 영혼을 파괴하는 결혼 생활)에 대한 저항이 여성과 남성 모두에게서 성장했다. 이런 저항은 도처에서 모든 이에게 더 나은 삶이라는 전망을 제시하지만, 사회가 이런 전망의 실현을 가로막는다.

결론

100년 전에 쓰인 과학 저술이 현재의 연구에 여전히 영감을 주는 경우는 매우 드물다. 광적인 자본축적과 함께 이뤄진 연구·지식·이론의 폭발적 증가를 고려하면, 이것은 놀라운 일이 아니다. "유인원이 인간이 되는 과정에서 노동이 한 역할"과 《가족, 사적 소유, 국가의 기원》은 당대 과학의 통찰을 발전시키고 대중화하려는 시도였다. 그것들이 우리 종과 사회의 진화에 관한 현재의 수많은 저술에서 결여돼 있는 통찰을 여전히 우리에게 제공한다는 점은 엥겔스가 마르크스와 함께 1840년대 중엽에 발전시킨 방법론의 커다란 공로다. 이 저작들에는 엥겔스가 작고한 후 발견된 사실들에 근거해 폐기하거나 재구성해야 할 내용이 상당수 포함돼 있다. 그러나 남아 있는 내용은 여전히 막대한 가치가 있다. 그것은 고고학자들과 인류학자들이 거의 매일 쏟아 내는 수많은 실증적 자료를 이해하길 원하는 사람들에게 매우 귀중한 출발점 구실을 한다. 그리고 이를 통해 자본주의가 불변하는 '인간 본성'에 토대를 뒀기 때문에 불가피하다고 주장하는 오늘날 '사회생물학자'와 '털 없는 유인원' 이론가의 터무니없는 소리를 논박하는 데 도움을 준다.

후주

1   근대 부르주아 철학의 역사는, 비록 다른 논쟁도 관통하는 것이지만, 대개 우리가 어떻게 지식에 접근하는지를 두고 벌어진 두 견해, 즉 경험론과 합리론 사이의 논쟁사였다.

2   엥겔스는 이 글을 결코 완성하지 못했다. 그러나 나중에 그가 죽은 직후에 독일의 사회주의 저널 〈디 노이에 차이트〉(신시대)에 미완성된 형태로 출판됐다.

3   모건의 책에 대해 써 놓은 마르크스의 방대한 노트들을 활용했다. 이 노트들은 Karl Marx, *Ethnological Notebooks*로 출간됐다.

4   그레고어 멘델은 사실 자신의 발견을 1865년 브륀(지금의 브르노)에서 간행되던 이름 모를 저널에 출판했다. 그러나 그것은 세기가 바뀌어서야 다른 생물학자들에게 재발견됐다.

5   B Trigger, "Comment" on Tobias, "Piltdown, the Case Against Keith", in *Current Anthropology*, Vol 33, No 3, June 1992, p 275.

6   이 모든 혼란에 대한 평가는 A Kuper, *The Chosen Primate*

(London, 1994), pp 33~47을 볼 것.

7   1960년대까지 인류의 진화를 설명하려는 시도들이 지닌 결점에 대해서는 R Foley (ed), *Hominid Evolution and Community Ecology* (London, 1984), p 3의 서문을 볼 것.

8   C Stringer, "Human evolution and biological adaptation in the Pleistocene", 같은 책, p 53.

9   N Roberts, "Pleistocene environment in time and space", 같은 책, p 33.

10 이런 지식 상태의 급속한 변화는 기존에는 매우 유용했던 저작들이 중요한 지점들에서 낡은 것이 돼 버릴 수 있음을 의미한다. 가령, 이것은 인류 진화에 관한 상당수의 자료를 마르크스주의적으로 평가한 찰스 울프슨(Charles Woolfson)의 《노동 문화 이론》(The Labour Theory of Culture)의 경우에도 적용된다. 이 책이 1982년에 갓 출판됐고, 주된 주장이 내가 여기서 제시하는 것과 매우 가깝다 할지라도 말이다. 내가 이 글을 쓰고 있는 동안에도, 과학 언론에 그 유명한 '자바원인' 화석이 지금까지 생각했던 것보다 100만 년 더 오래된 것임을 시사하는 보고서가 등장했으며(*New Scientist*, 7 May, 1994), 오스트랄로피테쿠스속(屬)의 가장 앞선 표본이 에티오피아에서 발견됐다.

11 그리고 그들이 공인하는 '급진적' 추종자 중 한 명이 크리스 나이트(Chris Knight)다. 그의 책 *Blood Relations*(Yale, 1991)는 대단한 '신기한 이야기' 중 하나다(수많은 사실적 자료들이 자신의 주장을 정당화하기 위한 시도 속에서 왜곡됐다). 내가 쓴 서평 "Blood Simple", *International Socialism* 54, Spring 1992, p 169를 볼 것.

12 엥겔스 자신이 《가족, 사적 소유, 국가의 기원》에서 때때로 이런 실수를 했다. 그러나 이에 대해서는 뒤에서 살펴보겠다.

13 피그미침팬지(Pan paniscus)는 침팬지(Pan troglodytes)와는 다른 별도의 종이다.

14 일부 동물학자들이 여전히 오랑우탄도 여기에 포함시키려 하지만 말이다. 가령 J H J Schwartz, *The Red Ape* (London, 1987)와 *New Scientist*, 14 May 1987에 실린 피터 앤드루스(Peter Andrews)의 서평을 볼 것.

15 S I Washburn and R More, "Only Once", P B Hammond, *Physical Anthropology and Archaeology* (New York, 1976), p 18.

16 R Ardrey, *African Genesis* (London, 1969), pp 9~10.

17 C J Lumsden and E O Wilson, *Genes, Mind and Culture* (Cambridge, Mass 1981), p 258.

18 R Ardrey, 앞의 책, p 170.

19 C J Lumsden and E O Wilson, 앞의 책, p 354.

20 이런 연구들을 과학적으로 통제된 방식으로 수행하는 것은 쉬운 일이 아니었다. 그것들은 때때로 빽빽한 삼림지대를 헤치고 인간이 쉽게 접근할 수 없는 우듬지 사이를 다니며 대개 40마리 남짓의 산재한 군집들을 뒤쫓는 일과 관련돼 있었다. 그러면서도 인간의 출현 자체가 유인원의 행동에 영향을 끼칠 수 있다는 것을 인식해야 했다(가령 침팬지의 경우, 인간이 하루에 한 번 주는 식량이 유일한 식량원일 때에는 식량을 두고 싸움을 하는데, 이는 흩어져 있는 식물을 먹을 때는 하지 않던 행

동이다). 그 결과, 이 연구들에서 나온 증거는 서로 다른 해석이 가능하다. 그렇지만 그 연구들은 모두 낡은 '개코원숭이' 모델과는 사뭇 다른 방향을 가리킨다. 야생동물 연구들을 참작한 논의에 대해서는 다음의 글들을 볼 것. I S Bernstein and F O Smith (eds), *Primate Ecology and Human Origins* (New York, 1979); W C McGrew, "Chimpanzee Material Culture", R A Foley, *The Origins of Human Behaviour* (London, 1991), pp 16~20. 원연구물에 대한 설명은 다음의 글들을 볼 것. J Goodall, *The Chimpanzees of Gombe* (Cambridge, Mass 1986); M P Giglieri, *The Chimpanzees of Kibale Forest* (New York, 1984); A F Dixson, *The Natural History of the Gorilla* (London, 1981); B M F Galiliki and G Teleki, *Current Anthropology*, June 1981.

21 R H Nadler, "Aggression in Common Chimps, Gorillas and Orang-utangs"에 따르면, 짝짓기를 둘러싼 수컷들 사이의 공격성은 야생에서보다 우리에 갇힌 상태에서 더 빈번하다. "우리 안에서는 수컷이 암컷을 통제할 수 있는 능력이 더 커지기 때문이다." J F Dahl, "Sexual Aggression in Captive Pygmy Chimps"에 따르면, 야생에서는 암컷 피그미침팬지가 교미할 수컷들에 대해 선택권을 행사하지만 우리에 갇혀 있을 때에는 그러지 못한다. 두 논문의 요약문이 *International Journal of Primatology*, 1987, p 451에 실려 있다.

22 이에 대한 증거 요약은 N M Tanner, *Becoming Human* (Cambridge, 1981), pp 87~89를 볼 것.

23 R Leakey and R Lewin, *Origins* (London, 1977), p 64[국역:

《오리진》, 주우, 1983].

24 N M Tanner, *Becoming Human*, 앞의 책, pp 95~96. Dixson, 앞의 책, p 148도 볼 것.

25 A F Dixson, 앞의 책, p 128. 놀랍게도, 로버트 아드리는 고릴라가 공격적이지도 "텃세"를 세게 부리지도 않는다고 인정한다. 그러고 나선 고릴라는 "핵심 본능"을 잃어버렸고, 해당 종이 "사라질 운명"이기 때문에 "영장류의 보편적 충동"이 흐릿해졌다고 결론 내린다! R Ardrey, 위의 책, pp 126~127.

26 왜 그런지는 이해하기 쉽다. 식물성 먹잇감은 상대적으로 많고 여기저기 산재한 나무와 관목에서 찾을 수 있다. 개인이나 무리가 같은 장소에 모여 함께 먹을 이유가 별로 없다. 이와 반대로, 고기는 몇몇 침팬지가 동물 한 마리를 잡기 위해 협력해야만 얻을 수 있다. 그리고 이것은 사냥감을 서로 나눠 먹지 않는다면 일어나기 쉽지 않을 일이다.

27 N M Tanner, *On Becoming Human*, 앞의 책, pp 124~125에서 25~35살 먹은 암컷 로크레마(Lokelema)와 5.5~7.5살 정도 된 수컷 보손드로(Bosondro)를 묘사한 것을 볼 것.

28 A L Zihlman, "Common Ancestors and Uncommon Apes", J R Durrant, *Human Origins* (Oxford, 1989), p 98.

29 같은 책, p 98. J Kingdon, *Self Made Man* (London, 1993), p 25도 볼 것. N M Tanner, *On Becoming Human*, 앞의 책, p 58에 인용된 내용에서 크로닌(Cronin)은 분자적 증거에 따르면 피그미침팬지(pan paniscus)가 고릴라, 침팬지, 인간 모두가 유래한 "유물(遺物) 선조"임을 가리킨다고 시사한다.

30 오스트랄로피테쿠스속은 대개 3~4개의 종으로 나뉜다. 그중

하나인 오스트랄로피테쿠스 아파렌시스("루시"라는 별명의 완전한 유골이 존재한다)는 현생 인류의 직계 조상으로 알려져 있다. 다른 종들은 일정한 생태적 지위에 적응했으나 지형이 변화했을 때 새로운 지위로 이행할 수 없었던 종들로, 대개 진화의 막다른 길에 들어섰던 것으로 보인다.

31 최초로 오스트랄로피테쿠스속의 해골을 발견한 다트는 이것과 함께 발견된 동물 뼈들을 오스트랄로피테쿠스속이 사냥을 했다는 증거로 봤다. 그러나 그 이후 이 주장은 도전을 받았고 이 뼈들은 대개 하이에나가 모아 놓은 것으로 생각된다.

32 유인원 계보가 끝나고 인간 계보가 시작하는 지점이나 어떻게 인간 계보를 다른 종으로 분류할 수 있는지에 대한 보편적으로 인정받는 설명은 존재하지 않는다. 그렇지만 현재 대부분의 설명은 오스트랄로피테쿠스를 유인원으로 놓으며 200만 년 된 '두개골 1470'을 지금까지 알려진 가장 이른 인간종인 호모 하빌리스라고 인정한다. 가령 R Leakey and R Lewin, *Origins Revisited* (London, 1993), p 117[국역: 《속 오리진》, 세종서적, 1995]을 볼 것.

33 P V Tobias, "The brain of homo habilis", *Journal of Human Evolution*, 1987, p 741; R Leakey, "Recent fossil finds in Africa", J R Durant (ed), *Human Origins* (Oxford, 1989); N M Tanner, *On Becoming Human*, 앞의 책, p 254.

34 에티오피아 오모 협곡과 남아프리카공화국의 클라시스강 인근 보더 동굴의 해골 화석이 13만 년 전과 8만~10만 년 전 살았던 현생 인류의 것이라는 주장이 있었다. 그러나 이 증거는 밀퍼드 올포프(Milford Wolpoff)와 앨런 손(Alan Thorne)과 같은 사

람들의 도전을 받았다. 예컨대 그들의 논문 "The case against Eve", *New Scientist*, 22 June 1991과 S McBrearty, "The origins of modern humans", *Man 25*, 1989, p 131에 실린, 인류의 기원에 관한 1987년 케임브리지대학 학술대회에서 발언한 비판적 논평의 짧은 요약문을 볼 것. 팔레스타인 카프제 지역에서 발견된 해부학적 현생 인류가 8만~10만 년 된 것이라는 주장도 있다. 예컨대 McBrearty, p 131을 볼 것. 그는 "이것이 현대인의 아프리카 기원 혹은 서남아시아 기원과 일치한다"고 적고 있다.

35 아메리카 대륙에 존재하는 다양한 초기 인간 유골들의 나이에 대해서 많은 논쟁이 있다. 이 논의들에 대한 요약 중 하나로 Gordon R Willey, "The Earliest Americans", P B Hammond (ed), *Physical Anthropology and Archaeology*, 앞의 책을 볼 것.

36 Graves, "New Models and Metaphors for the Neanderthal Debate", *Current Anthropology*, Vol 32, No 5, December 1991, p 513의 요지가 이것이다. 반세기 훨씬 전부터 나온 이 주장에 대한 평가는 V G Childe, *What happened In History* (Harmondsworth, 1954), p 30[국역: 《인류사의 사건들》, 한길사, 2011]을 볼 것.

37 이 대안적 견해는 때때로 '다지역 기원설'로 불리며 이 견해의 가장 잘 알려진 지지자는 밀퍼드 울포프다.

38 완전한 다지역 기원설 입장에 속하지도 않는 리처드 리키 (Richard Leakey)와 같은 이들이 완전한 '아프리카 기원론'에 의문을 제기한다. 가령, Leakey, "Recent fossil finds in Africa",

J R Durant, 앞의 책, p 55를 볼 것. "나는 10만 년 전의 세계에 동일한 종이 지역적으로 분리된 집단들로 살았다고 믿는다. 나는 우리 종의 현생 형태가 단일한 지리적 기원을 갖는다는 생각을 지지하지 않는다." 세계의 광범위하게 퍼져 있는 지역들에서 나온 화석 증거는 나에게는 "현생 형태의 호모사피엔스가 어디든 그들이 자리 잡은 지역의 더 고대적인 형태의 개체군에서 나왔다"는 점을 가리킨다. 1993년작 《속(續)오리진》(Origins Reconsidered)에서 그의 논조는 훨씬 신중해졌다. 그러나 이 책은 로저 르윈(Roger Lewin)과 함께 쓴 것이고 르윈은 단일 기원설에 우호적이다. 이 책이 이 논쟁에 대한 탁월한 개관을 제공하는 것은 십중팔구 이런 공동 저술 덕분일 것이다. R Leakey and R Lewin, *Origins Reconsidered*, 1993, pp 211~235를 볼 것. 이 논쟁에 대한 다른 평가는 다음의 글을 볼 것. Roger Lewin, "DNA evidence strengthens Eve hypothesis", *New Scientist*, 19 October 1991; J Poulton, "All about Eve", *New Scientist*, 14 May 1987; C Stringer, "The Asian Connection", *New Scientist*, 17 November 1990; "Scientists Fight It Out and It's All about Eve", *Observer*, 16 February 1992; M Wolpoff and A Thorne, "The Case Against Eve", *New Scientist*, 22 July 1991; S McBrearty, "The Origin of Modern Humans", *Man 25*, pp 129~143; R Leakey, "Recent Fossil Finds in Africa" and C Stringers, "Homo Sapiens: Single or Multiple Origin", J R Davent (ed), *Human Origins* (Oxford, 1989); P Mellors and C Stringer (eds), *The Human Revolution* (Edinburgh, 1989); P Graves, "New Models and Metaphors for the Neanderthal Debate", *Current*

Anthropology, Vol 32, No 5, December 1991; R A Foley, *The Origins of Human Behaviour* (London, 1991), p 83.

39 '다지역 기원' 견해는 때때로 뭔가 인종주의에 대한 정당화를 제공하는 것처럼 여겨진다. 그것이 수만 년 전이 아니라 수십만 년 전에 세계의 다른 지역에 사는 사람들이 서로 다른 일정한 특징들을 발전시키기 시작했다고 주장하기 때문이다. 그러나 이 것은 초보적인 논리적 실수를 범하는 것이다. 이 견해는 단일 기원 견해보다 훨씬 더 느린 진화 속도를 가정하고 따라서 인간들 차이의 진화 속도도 느릴 것이라고 보기 때문에 최종 차이가 더 클 것임을 입증하는 것으로 받아들여질 수 없다.

마찬가지로 현생 인류의 아프리카 기원이 백인 인종주의자들을 논박한다거나 아프리카인들이 '백인'보다 더 우월한 '인종'임을 증명한다는 주장도 잘못된 것이다. 인종주의자는 현생 인류의 아프리카 기원을 쉽게 받아들인 후, 이것은 아프리카인들이 '백인'보다 "덜 진화"해서 더 "원시적"임을 보여 주는 것이라고 주장할 수 있다. 이는 만약 현생 인류가 10만여 년 전에 네안데르탈인으로부터 분리된 우월한 종으로 매우 빠르게 진화할 수 있었다면 왜 백인은 2만 년 전 흑인과는 분리된 우월한 종으로 발전할 수 없다는 것인가 하는 주장에 의거한다. 사실 이것이, 네안데르탈인이 "시초의 유인원 인간"으로 여겨지던 수십 년 동안 인종주의자들이 내세운 주장이었다.

인종주의 주장들은 인류 기원에 대한 이러저러한 가정 때문이 아니라, 우리가 살아 있는 인류의 유전적·생물학적 구성에 대해 알고 있는 것 중 인종주의 주장들을 뒷받침하는 것이 전혀 없기 때문에 틀린 것이다. 인간종은 모든 유전자와 신체적 특징에 의해 다른 소집단의 개체들과는 구별되는 개체들로 이뤄진

별개의 소집단들로 나뉠 수 없다. 기껏해야 피부의 멜라닌 색소량, 머리카락의 곱슬 정도, 눈 색깔, 혈액형, 키, 코 길이 따위와 같이 특정한 개별 특징들에서의 변이에 따른 집단들로 나눌 수 있을 뿐이다. 그러나 이처럼 특정한 특징에 따라 나뉜 집단들은 서로 일치하지 않는다. 멜라닌 색소가 적은 인간 집단('백인')에도 갈색 눈을 가진 사람들이 많이 포함돼 있다. 큰 코를 가진 인간 집단에는 멜라닌 색소량이 사뭇 다른 사람들이 포함돼 있다. 이렇게 서로 넘나드는 배치의 특성은 특정 특징들이 세계의 특정 지역들에 집중되는 경향이 있을 때에조차 적용된다. 따라서 혈액형의 지리적 분포는 멜라닌 색소(즉 피부'색')의 분포와도, 겸상적혈구 유전자(그리스인·튀르키예인·이탈리아인·아랍인·아프리카인에게서 발견된다)의 분포와도 전혀 일치하지 않는다. 따라서 인종(노예무역과 제국주의적 정복의 산물)에 대한 상식적 통념은 유용한 과학적 범주로 사용될 수 없다. 이 문제에 대한 충분한 논의는 F B Livingstone, "On the non-existence of human races", *Current Anthropology*, 3 (1962), p 279를 볼 것. 리빙스턴의 주장에 대해 테오도시우스 도브잔스키(T Dobzhansky)가 같은 저널에 쓴 논평도 볼 것.

누군가가 과거에 관한 이론들(고대의 뼈가 새롭게 발견되거나 인간의 유전적 과거를 해독하는 새로운 기술이 나오면서 의심을 받을 수 있다)에 의존해 인종주의에 반대하는 주장을 한다면 그것은 근본적 실수를 범하는 것이다.

40   R Ardrey, *African Genesis* (London, 1967), p 20.

41   R A Dart, "The Predatory Transition from Ape to Man", *International Anthropological and Linguistic Review*, Vol 1, No 4, 1953.

42 이 주장에 반대한 두 사람, 울포프와 손이 묘사한 것이다("The Case Against Eves", *New Scientist*, 22 June 1991). 그러나 이것을 지지하는 사람들이 이 가설에 동일한 윤색을 했다.

43 나는 이곳에서 이 주장을 가능한 한 이해하기 쉽게 만들기 위해 단순화했다. 사실 대부분의 특징은 매우 각양한 유전자 쌍들의 산물이다. 그러나 이것이 내 요점의 타당성에 영향을 주진 않는다. 최근의 유전 이론에 대한 풍부한 대중적 설명은 S Jones, *The Language of Genes* (London, 1993), Ch 2[국역: 《유전자 언어》, 김영사, 2011]를 볼 것.

44 유전학자들은 종 전체가 유전자 선택을 통해 과거 종의 뒤를 잇는 새로운 종으로 계속 변형되는 것("계통 진화")과 한 하위 개체군이 갈라져 나와 과거 종과 나란히 있으며 새로운 종으로 발전하는 것("분기 진화")을 구분한다. R Foley (ed), *Hominid Evolution and Community Ecology*, p 15 서문을 볼 것. 알렉세예프(V P Alexeev)는 인간종 전체가 새로운 종으로 발전했다고 보는 이들을 "병합파"로, 어떤 소집단이 갈라져 나와 새로운 집단을 형성했다고 보는 이들을 "세분파"라고 부른다. V P Alexeev, *The Origin of the Human Race* (Moscow, 1986), p 101.

45 이 때문에 그들은 '아프리카의 이브' 가설과 '다지역 기원' 가설이 반드시 서로 배척할 필요가 없다고 지적했다. "두개골 형태를 결정하는 유전자들이 세포핵 DNA에 있을지라도, 물론 그럴 개연성이 높지만, 그것들은 유전적 부동(浮動)과 지역 환경의 선택압들의 결과로서 국지적으로 변화가 빈번히 일어날지 모른다. 따라서 우리는 모든 인간의 미토콘드리아 조직이 아프리카에서

기원했다는 것과 지역의 독특한 골격 구조의 지속이 양립 불가능하다고 보지 않는다. 이 둘의 존재는 확실히 인류를 단일한 이종교배 개체군으로 보는 시각을 강화한다." T Rowell and M C King, letter in *New Scientist*, 14 September 1991.

46 C Stringer, "Homo sapiens: single or multiple origin?", J R Durant, 앞의 책, p 77.

47 S McBrearty, 앞의 책, p 134.

48 가령 P Graves, 앞의 책, p 521과 R Leakey and R Lewin, *Origins Reconsidered*, pp 234~235에 인용된 주브로(E Zubrow)의 글을 볼 것.

49 N M Tanner, 앞의 책, p 155.

50 아이작의 견해에 대한 요약과 빈퍼드(Binford) 등이 가한 비판에 대해서는 R J Blumenschine, "Breakfast at Olorgesailie", *Journal of Human Evolution*, Vol 21, No 4, October 1991과 J M Sept, "Was there no place like home?", *Current Anthropology*, Vol 33, No 2, April 1992를 볼 것.

51 J A Gowlett, "The Mental Abilities of Early Man", R Foley (ed), 앞의 책.

52 N M Tanner, 앞의 책, p 206에서 인용. P V Tobias, "The brain of homo habilis", *Journal of Human Evolution*, 1987, p 741도 볼 것.

53 C Woolfson, *The Labour Theory of Culture*, 앞의 책, p 3.

54 J M Sept, "Was there no place like home?", 앞의 책과 Binford, R J Blumenshine, *Breakfast at Olorgesailie*, p 307

에서 인용.

55 P Graves, 앞의 책, p 519에 인용된 주장.

56 R Leakey and R Lewin, *Origins Reconsidered*, p 270에서 언급된 로버트 가젯(Robert Gargett)의 견해. M C Stimer, T D White and N Toth, "The Cultural Significance of Grotta Guaterii Reconsidered", *Current Anthropology*, Vol 32, No 2, April 1991도 볼 것.

57 충분히 이상하게 들리겠지만, 이 주장을 강력하게 펼친 사람이 자칭 마르크스주의자인 크리스 나이트다. Chris Knight, 앞의 책.

58 리버먼의 주장은 그의 *Uniquely Human* (Cambridge, Mass 1991)에 포함돼 있다.

59 Gould and Eldridge, *Paleobiology* 3, 1977을 볼 것. 이들의 견해에 대한 비판은 Cronin and others, *Nature* 292를 볼 것. 이 논쟁에 대한 요약은 C Stringer, "Human Evolution and Biological Adaptation in the Pleistocene", R A Foley (ed), *Hominid Ecology*, p 57을 볼 것.

60 A Kuper, 앞의 책, p 53.

61 같은 책, p 79.

62 조너선 킹던(Jonathan Kingdon)이 끈의 중요성을 강조한다. 아프리카 포유류의 생태학에 대한 그의 지식은 초기 인간이 직면했던 조건들을 이해하는 데 큰 도움이 될 수 있다. 그의 *Self Made Man*, 앞의 책, p 51을 볼 것.

63 W C McGrew, "Chimpanzee Material Culture", R A Foley

(ed), *The Origins of Human Behaviour* (London, 1991), pp 19~20.

64 S T Parker and K R Gibson, "The Importance of Theory for Reconstructing the Evolution of Language and Intelligence", A B Chiarelli and R S Corrucinia (eds), *Advanced Primate Biology* (Berlin, 1982), p 49.

65 T Wynn, "Archaeological Evidence for Modern Intelligence", R A Foley (ed), *The Origins*, 앞의 책, pp 56~63.

66 A Kuper, 앞의 책, p 89.

67 P Graves, 앞의 책, pp 519~521; R A Foley, *The Origins*, 앞의 책, p 83.

68 N David, "On upper palaeolithic society, ecology and technological change: the Noaillan case", Colin Renfrew (ed), *Explaining Cultural Change* (London, 1973), p 276.

69 R Leakey and R Lewin, *Origins Reconsidered*, 앞의 책, p 272에 인용된 내용에 따르면, 아렌스부르그(B Arensburg)와 판데르메이르스(B Vandermeersch)는 이스라엘 카르멜산의 케바라 동굴에서 발견된 6만 년 전 네안데르탈인의 목뿔뼈는 "인간 발화 능력의 형태학적 토대가 완전히 발전한 것으로 나타났다"는 점을 가리킨다고 주장한다. 리버먼은 이런 발견의 함의에 이의를 제기한다. 이 논쟁에 대한 그 자신의 평가는 그의 *Uniquely Human*, 앞의 책, p 67을 볼 것.

70 Lieberman, 같은 책, p 65.

71 C Stringer, "Human Evolution and Biological Adaptation in

the Pleistocene", R A Foley (ed), 앞의 책, p 64.

72 언어의 완전한 사용이 나중에 일어난 발전이라고 주장하는 리버먼조차 노동의 역할을 강조한다. "언어를 통제하는 두뇌 기제들은 한 손을 정확하게 사용하는 육체 작업들을 촉진했던 요인들로부터 나왔을 것으로 예상된다."

73 이 점은 매우 중요하다. 최고의 사회생물학 논박자 중 한 명인 스티븐 굴드(Stephen Gould)가 최근 글들에서 다소 '포스트모더니즘'적 경도를 드러내는 몇몇 징후를 보이기 때문이다. [1991년에 나온] 《힘내라 브론토사우루스》(Bully Brontosaurus)[국역: 《힘내라 브론토사우루스》, 현암사, 2014]에서 그는 언어가 3만 5000년 전 갑자기 발생했다는 견해를 인정하는 경향을 나타낸다. 반면 《원더풀 라이프》(Wonderful Life, London, 1989)[국역: 《원더풀 라이프》, 궁리, 2018]에서는 역사의 가해성(可解性)보다는 우연적 경향과 임의성을 강조하는 거대한 역사철학을 개설한다. 여기서 그는 다음과 같이 쓴다. "역사 설명은 자연법칙들로부터의 직접적 연역이 아니라 선행하는 상태들의 예측 불가능한 연쇄에 의존한다. 이때 어떤 단계의 어떤 주요한 변화도 최종 결과를 변화시킬 것이다. 따라서 이 최종 결과는 이전에 존재한 모든 것에 의존하거나 그것에 따라 우연히 결정된다. 이는 역사의 지울 수 없는 결정적 서명이다"(p 283). 그러나 사실 모든 것이 "우연히 결정"되는 것은 아니다. 생물학적 세계 속에서든 역사 속에서든, 일정한 조건들 속에서 일정한 사태들이 발생할 가능성이 높다. 대량 멸종에 직면해, 특정한 유전적 구성을 갖춘 특정한 생물이 다른 것보다 생존할 가능성이 더 높다. 환경의 어떤 변화에 직면해, 특정한 종류의 인간 노동과 사회조직이 다른 것보다 이를 극복할 수 있는 가능성이 더 높다. 사회

의 어떤 변화들에 직면해, 특정 이해를 가진 계급들이 특정한 방식으로 반응할 가능성이 높다. 그래서 우리가 역사를 기술할 수 있을 뿐 아니라, 현재를 비추기 위해 어느 정도까지는 역사를 이용할 수 있는 것이다. 나는 굴드 자신이 1960년대의 급진적 분위기 속에서는 이를 인식했을 것이고 그의 현재 입장은 개인적 신념이라기보다는 지적 유행의 변화를 반영하는 것이라고 보는 게 더 합당하다고 느끼지 않을 수 없다. 한 가지 더 추가하자면, 그가 과학적 지식들을 탁월할 정도로 단순한 언어로 표현한다는 점은 때때로 그가 표현하는 견해들이 다른 연구자들이 격렬하게 저항하는 견해들이라는 사실을 감출 수 있다(《원더풀 라이프》에서 버제스 혈암의 발견들에 대한 그만의 고유한 해석이 그런 경우다).

74 N M Tanner, 앞의 책, p 56.

75 R J Rayner and others, *Journal of Human Evolution*, Vol 24, p 219. S Bunney, "Early Humans were Forest Dwellers", *New Scientist*, 10 April 1993에서 인용.

76 가령 W S Laughlin, "Hunting, its Evolutionary Importance", P B Hammond, 앞의 책, p 42의 기여를 볼 것.

77 가령 L Binford, *Bones, Ancient Man and Modern Myths* (New York, 1981).

78 예컨대 B J King, Comment on J M Sept, "Was there no place like home?", *Current Anthropology*, Vol 33, No 2, April 1992, p 197을 볼 것.

79 N M Tanner, 앞의 책, p 139.

80 같은 책, p 149.

81 B Trigger, comment on Tobias, "Piltdown, the Case Against Keith", in *Current Anthropology*, Vol 33, No 3, June 1992.

82 E Leacock, "Women in Egalitarian Society", *Myths of Male Dominance* (New York, 1981), p 31.

83 B Trigger, *V Gordon Childe*을 볼 것.

84 E Gellner, *Plough, Sword and Book* (London, 1991), p 16[국역: 《쟁기, 칼, 책》, 삼천리, 2013].

85 C Ward Gailey, *Kinship to Kingship* (Austin, 1987), p 16.

86 몇몇 스탈린주의적 해석이 이에 해당한다. 그러나 진짜 좌파의 일부 사람들도 이에 해당한다. 이를테면 에벌린 리드(Evelyn Reed)는 《여성의 진화》(Women's Evolution)에서 낡은 반(反)진화론적 교리를 매우 잘 비판하지만, 길을 잃은 채 인류학 자료를 심각하게 잘못 해석해 몇몇 지점에서 《가족, 사적 소유, 국가의 기원》에서 엥겔스가 말한 내용들에 이를 꿰맞추려 한다. 가령 초기 남성들 사이의 혹독한 '경쟁', 이른바 '원시'사회들에서 식인 행위가 했다는 역할, 이른바 부계에 따른 상속과 부자 관계 확인 사이에 존재했다는 연관에 대한 그녀의 단언이 여기에 해당한다. 리드의 연구에 대한 철저한 비판에 대해서는 *Myths of Male Dominance* (New York, 1981), pp 183~194에 실린 엘리너 리콕의 비평을 볼 것.

87 F Engels, *The Origin of the Family, Private Property and the State* (Moscow, nd), p 6.

88 그렇지만 모건의 경우, 이런 유물론적 통찰이 관념론적 견해와 뒤섞여 있었다. 그래서 "사회와 문명의 제도들은 끊임없는 인간 욕구와 그것들의 연관 덕분에, 소수의 주요 사상 원천들에서 발

전해 왔다"고 주장했다. L H Morgan, *Ancient Society*, p 5[국역: 《고대사회》, 문화문고, 2005]. 또한 한 가지 덧붙이자면, 모건은 혁명가가 아니었다. 그는 부르주아 민주주의가 모든 사회가 추구하는 인간 사회의 최고 형태라고 믿었다.

89 같은 책, p 24.

90 같은 책, p 18.

91 Engels, *The Origin of the Family*, 앞의 책, pp 42~43.

92 사실, 현대 고고학자들은 초기 고대이집트와 중앙아메리카의 마야 문화와 같이 도시가 중요한 역할을 하지 않는 몇몇 사회들을 포함하는 것으로 그것의 정의를 약간 확대했다. 그 사회들이 일반적으로 도시 사회들과 결부된 다른 특징들(별개의 집단으로 존재한 장인과 행정가, 금속과 문자의 광범한 사용 등)을 대부분 보였기 때문이다. 마찬가지로 대개 잉카의 사회들과 이슬람교 발생 이전의 서아프리카 사회들도 포함된다. 이곳들은 도시와 국가는 있었지만 문자는 없었다.

93 그러나 대처주의의 지도자들 중 한 명인 하이에크는 의견이 달랐다. 그의 주장에 따르면, 수천 년 동안 존재한 원시공산주의는 자신이 매우 위험한 "타고난 본능"이라고 여긴 것을 만들어 냈다. 이는 오늘날의 대중이 "조직된 권력을 이용해 각자에게 각자가 받아야 할 몫을 할당하는 공정한 분배"를 원하게 만들고, "바람직한 공동의 목표들을 지각해 추구하게" 만들며, "아는 사람들에게 잘해 주게" 만든다.

94 Engels, *The Origin of the Family*, 앞의 책, pp 157~159.

95 E Friedl, *Women and Men, the Anthropologist's View* (New York, 1975).

96 E Leacock, "Women's Status in Egalitarian Societies", *Myths of Male Dominance*, 앞의 책, pp 139~140.

97 R Lee, *The !Kung San* (Cambridge, 1979), p 118.

98 쿵족(!Kung)의 앞부분에 있는 "!"은 인도·유럽어족에는 존재하지 않는 '흡착'음을 나타낸다.

99 R Lee, 앞의 책, p 244.

100 Guago, Richard Lee, 앞의 책, p 244에서 인용.

101 Le P P Lejeune (1834), M Sahlins, *Stone Age Economics* (London, 1974), p 14[국역: 《석기시대 경제학》, 한울, 2023]에서 인용.

102 Colin Turnbull, *The Forest People* (New York, 1962), pp 107, 110 and 124~125[국역: 《숲 사람들》, 황소자리, 2007].

103 R Lee, 앞의 책, pp 343~345.

104 E Friedl, *Women and Men*, 앞의 책, p 15.

105 R Lee, 앞의 책, pp 336~338.

106 인용된 문구는 모두 R Ardrey, 앞의 책, pp 300, 30, 399에서 가져온 것이다.

107 W Lloyd Warner, *A Black Civilisation* (New York, 1964), Sahlins, *Stone Age Economics*, 앞의 책, p 12에서 인용.

108 E Friedl, *Women and Men*, 앞의 책, p 14.

109 R Lee, 앞의 책, p 55를 볼 것. 또한 C Turnbull, *The Forest People*, 앞의 책, p 127; M Sahlins, *Stone Age Economics*, 앞의 책, p 123도 볼 것.

110 M 살린스(M Sahlins)가 언급한 것처럼 "현존하는 식량 수집 민들은 쫓겨난 사람들로 … 전형적이지 않은 생산양식을 바탕으로 하는 주변화된 곳에서 살고 … 처음엔 농업 경제에 의해, 나중엔 산업 경제에 의해 지구 상의 더 나은 지역에서 거주하는 게 차단됐다." "수렵·채집민들의 민속지는 대개 불완전한 문화들의 기록일 가능성"이 있다. "취약한 의례와 교환의 세월은 초기 식민주의 단계에 그것이 매개하던 집단 간 관계들이 공격당하고 유린됐을 때 상실돼 자취도 없이 사라졌을 수 있다." *Stone Age Economics*, 앞의 책, p 8 and p 38. 100년 전에 쿵족 사이에 다소 다른 사회조직 원리들이 적용됐을 수도 있음을 보여 주는 증거에 대해서는 R Lee, 앞의 책, p 340을 볼 것. 구석기 수렵·채집 사회들이 현존하는 해당 사회들과 어떻게 다른지에 대한 고찰은 R Foley, "Hominids, humans and hunter-gatherers", T Ingold, D Riches and J Woodburn, *Hunters and Gatherers*, Vol I (London, 1988), pp 207~221을 볼 것.

111 R Lee, "Reflections on primitive communism", T Ingold, D Riches and J Woodburn, *Hunters and Gatherers*, Vol I (New York, 1991), p 262.

112 R Lee, "Reflections on primitive communism", 앞의 책, p 268.

113 F Engels, *The Origin of the Family*, 앞의 책, p 37.

114 같은 책, p 41.

115 같은 책, p 87.

116 J V S Megaw (ed), *Hunter Gatherers and the First Farmer Beyond Europe*을 볼 것. C Renfrew (ed), *Explaining*

Cultural Change, 앞의 책에 실린 M Dolukhanov, G W W Baker, C M Nelson, D R Harris and M Tosi의 논문들도 볼 것.

117 이것이 M 살린스의 *Stone Age Economics*에 담긴 핵심 주장들 중 하나다.

118 C Ward Gailey, *Kinship to Kingship*, 앞의 책, p 67.

119 R Lee, "Reflections on primitive communism", 앞의 책, p 262.

120 C Levi Strauss, M Sahlins, *Stone Age Economics*, 앞의 책, p 132에서 인용.

121 H I Hogbin, M Sahlins, 같은 책, p 135에서 인용.

122 J F Lafitau, R Lee, "Reflections on primitive communism", 앞의 책, p 252에서 인용.

123 E Evans-Pritchard, R Lee, "Reflections on primitive communism", 앞의 책, p 252에서 인용.

124 A Richards, M Sahlins, *Stone Age Economics*, 앞의 책, p 125에서 인용.

125 R Firth, M Sahlins, *Stone Age Economics*, 앞의 책, p 125에서 인용.

126 R Firth, M Sahlins, 같은 책, p 129에서 인용.

127 따라서 M 살린스는 *Stone Age Economics*, 앞의 책에서 "가내 생산양식"을 언급한다. 이와 반대로, K 색스(K Sacks)는 "집단적 생산양식"을 언급한다. *Sisters and Wives* (Champaign, 1982), p 109를 볼 것.

128 K Sacks, 같은 책, pp 116~117.

129 M Sahlins, 앞의 책, p 140.

130 E Friedl, *Women and Men, an Anthropologist's View* (New York, 1975), p 51.

131 M Sahlins, 앞의 책, ch 1; R Lee, *!Kung San*, 앞의 책; C Turnbull, *The Forest People*, 앞의 책을 볼 것.

132 이것은 A Testart, *Les chasseurs-cuedleurs ou l'origin des inegalités* (Paris, 1982)의 주장이다.

133 D O Henry, *From Foraging to Agriculture* (Philadelphia, 1989), p 227.

134 도널드 헨리(D O Henry)는 "복합" 색이(索餌)를 위한 생태학적 조건들의 붕괴가 기후변화로 야기됐다고 주장한다. 그러나 그 원인은 색이민의 수가 증가해 환경에 누적적 충격을 준 것이었을 수 있다. 인구의 증가는 사람들이 먹을 수 있는 야생 포유류 떼의 규모에 극적 충격을 주어 갑작스럽고 심각한 식량 부족을 야기했을 수 있다. 이것은 복합 색이에 근거한 사회(때로는 라틴아메리카 일부처럼 원예농업에도 일부 의존한 사회)가 갑자기 농업으로 완전히 이행하거나 유랑 수렵·채집 생활로 되돌아가는 역사적 사례들이 전 세계 상이한 지역들에서 반복적으로 나타나는 이유를 설명해 줄 것이다.

135 아메리카 대륙에서 일어난 농업으로의 이행에 대한 설명은 예컨대 다음을 볼 것. R McAdams, *The Evolution of Urban Society* (London, 1966), pp 39~40; F Katz, *Ancient American Civilisations* (London, 1989), pp 19~22; W Bray, "From Foraging to Farming in Mexico", J V S Megaw (ed), *Hunters, Gatherers and the First Farmers outside Europe*,

pp 225~234.

136 P M Dolukhonov, "The Neolithisation of Europe: a chronological and ecological approach", C Renfrew (ed), *Explaining Cultural Change*, 앞의 책, pp 331~336에 따름. 여기에 쓴 연대(年代)들은 다른 곳과 마찬가지로 대략적인 것이며 더 최근의 지식에 근거해 의당 수정돼야 한다.

137 연대들의 추정에 대해서는 다음의 글들을 볼 것. C K Maisels, *The Emergence of Civilisation* (London, 1990); M Rice, *Egypt's Making* (London, 1990); M I Finlay, *Early Greece: the Bronze and Archaic ages* (London, 1981); F Katz, *Ancient American Civilisations*, 앞의 책; and G Connah, *African Civilisations* (Cambridge 1987).

138 V Gordon Childe, *What Happened in History*, 앞의 책, pp 59~62.

139 같은 책, pp 80~81.

140 C K Maisels, *The Emergence of Civilisation: from hunting and gathering to agriculture, cities and the state in the Near East* (London, 1993), p 297.

141 C K Maisels, 같은 책, p 297.

142 V Gordon Childe, *Social Evolution* (London, 1963), pp 155~156.

143 V Gordon Childe, *What Happened in History*, 앞의 책, p 88.

144 C K Maisels, 앞의 책, p 146을 볼 것.

145 T B Jones, C K Maisels, 앞의 책, p 184에서 인용.

146 T B Jones and J W Snyder, C K Maisels, 앞의 책, p 186에서 인용.

147 이런 도시화 이전의 석조 건축물에 대한 논의로는 C Renfrew, *Before Civilisation* (Harmondsworth, 1976)을 볼 것.

148 가령 에게해에서 일어난 발전은 동남쪽으로는 아시아 본토와 남쪽으로는 아프리카 본토에서 일어난 발전의 영향을 받았음이 확실하다. 이집트에서 일어난 발전의 일부(재배한 곡물의 품종과 일부 가공물)는 제한적이나마 더 일찍 발전한 메소포타미아 문명과의 접촉에서 영향을 받았을 가능성이 높다. 라틴아메리카 문명이 동아시아와 동남아시아 문명과 일정한 접촉을 했을 가능성도 있다.

149 V Gordon Childe, *Social Evolution*, 앞의 책, pp 160~161.

150 같은 책, pp 160~161. 고든 차일드는 다음과 같이 주장한다. "의심의 여지없이 구세계에서는 쟁기 경작이 모든 곳에서 문명의 등장 전에 괭이 경작을 대체했다. 그러나 쟁기는 문명을 이룬 [신세계의] 마야인들에게는 알려져 있지 않았다. 그들에겐 사실 가축도 전혀 존재하지 않았다. … 서아시아뿐 아니라 크레타섬과 온화한 유럽 지역도 문명이 달성되기 전에 바퀴가 달린 운송 수단을 이용했지만, 나일강에서는 이것이 문명의 등장 이후 1500년 동안이나 알려져 있지 않았다. … 이집트와 크레타섬, 켈트족은 문명 등장 전에 족장이 사회적 잉여를 집중하는 신성한 왕의 지위에 올랐다. 이와 반대로, 메소포타미아에서는 이런 기능을 수행한 것이 초인적 신을 모신 신전이었다. … 반면 '왕족의 무덤'은 나중에야 볼 수 있다."

151 마르크스는 관료제적 지배계급이 집단적으로 재산을 소유하고 사회의 나머지 부분을 착취하는 사회가 존재할 가능성에 대한 통찰을 19세기 초 인도에 대한 자신의 저술에 적용했는데 이는 십중팔구 잘못된 것이다. 이곳에는 토지의 사적 소유가 1000년 이상 광범위하게 퍼져 있었다. R Tharpar, *Ancient Indian Social History* (Hyderabad, 1984)를 볼 것.

152 C Gailey, 앞의 책, p 22의 요지가 이것이다.

153 가령 C K Maisels, 앞의 책, p 269를 볼 것.

154 R Tharpar, *Ancient Indian Social History*, 앞의 책, p 19.

155 F Katz, *Ancient American Civilisations*, 앞의 책, p 70에 있는 이 문제에 대한 논의를 볼 것.

156 A B Lloyd, "The late period", B Trigger, Kemp, O'Connor and Lloyd, *Ancient Egypt, A Social History*, 앞의 책, p 310의 추산이다.

157 C Gailey, 앞의 책.

158 그리고 솔직히 말해서, 게일리도 이것을 잘 설명하지 못한다.

159 E R Service, "Classical and modern theories of the origins of government", R Cohen and E R Service (eds), *Origin of the State*.

160 M H Fried, "The state, the chicken and the egg, or what came first?", R Cohen and E R Service, 같은 책, p 35.

161 특히 유명한 《정치경제학 비판을 위하여》 서문.

162 C Renfrew, "The emergence of civilisation", C Renfrew (ed), *Explaining Cultural Change*, 앞의 책, p 421과 p 424. 더욱이

경작 자체가 (지하수면의 수위를 낮추거나 지력을 고갈시켜서) 환경을 불안정하게 만들 수 있었고, 이것이 사회의 "불안 증가"와 "인구에 대한 국지적 압력들"을 야기해 "변화를 유발했다." C Renfrew, 앞의 책, p 427.

163 D R Harris, "The prehistory of tropical agriculture", C Renfrew (ed), *Explaining Cultural Change*, 앞의 책, pp 398~399.

164 같은 책, p 399.

165 F Engels, *The Origin of the Family*, 앞의 책, pp 160~161.

166 같은 책, p 232.

167 F Engels, *The Origin of the Family*, 앞의 책, p 105. 주의할 점이 있다. 이 문장은 종종 그러는 것처럼, 최초의 계급 억압이 남성에 의한 여성의 억압이라고 잘못 읽혀서는 안 된다. 핵심 표현은 "동시에 일어난다(coincide)"이다.

168 E Leacock, *Myths of Male Dominance*, 앞의 책을 볼 것.

169 이것은 E Friedl, *Women and Men, an Anthropologist's View*, 앞의 책, p 22에 나오는 주장이다.

170 같은 책, p 29.

171 같은 책, p 25.

172 M Etienne and E Leacock, "Introduction", M Etienne and E Leacock, *Women and Colonialism: Anthropological Perspectives* (New York, 1980). "오스트레일리아 문화에 대한 대부분의 묘사는 남성적 편견으로 물들어 있다. … 최근 연구에서는 … 여성의 자율성, 여성의 공식적 의사 결정 의식 참

여, 연상 여성과 연하 남성의 결혼, 며느리와 시누이 간의 여성 연대 의식 형성, 남성의 출입이 금지되며 여성이 공식적 결혼 의무 없이 자신들이 원하는 남성과 연애할 수 있는 야영지의 여성 구역 등의 증거가 발견됐다." 동일 저작의 D Bell, "Descent politics"도 볼 것.

173 리콕이 지적하듯이, 레비스트로스는 자신의 대작 《혈연의 기본 구조》(The Elementary Structures of Kinship)에서 고작 1.5쪽만 모처·모계 사회들에 할애하고 이 과정에서 네 가지 부정확한 진술을 남겼다. E Leacock, *Myths of Male Dominance*, 앞의 책, p 235를 볼 것.

174 P S Nsugbe, *Ohaffia: a Matrilineal Ibo People* (Oxford, 1974), p 68. 성인 여성들은 이크퍼리크페(Ikpirikpe)라는 입법 기구를 가졌고, 이것은 "여성이 범한 범죄를 다룰 수 있는 단 하나의 유일한 기구다." 남성들이 여성들이 찬성하지 않은 결정을 했을 경우, 이 기구는 대응책을 사용했다. 가령, "촌락의 주부들은 일시적으로 모든 아이를 방치한 채 한꺼번에 집과 남편을 떠나 자신들의 생각이 받아들여질 때까지 되돌아오지 않기로" 결정할 수 있었다.

175 P S Nsugbe, 같은 책, pp 82, 83, 85.

176 K Sacks, *Sisters and Wives*, 앞의 책, pp 117 and 121.

177 이 점을 정교하게 설명한 것으로 E Leacock, *Myths of Male Dominance*, 앞의 책 p 120을 볼 것.

178 Gailey, *Kinship to Kingship*, 앞의 책, p 12.

179 E Leacock, *Myths of Male Dominance*, 앞의 책, p 217.

180 E Friedl, *Women and Men*, 앞의 책, p 46.

181 F Engels, *The Origin of the Family*, 앞의 책, p 47.

182 모건의 견해에 대해서는 L H Morgan, *Systems of Consanguinity and Knowledge of the Human Family* (New York, 1871), p 487과 *Ancient Society*, 앞의 책, p 31을 볼 것.

183 F Engels, *The Origin of the Family*, 앞의 책, p 85.

184 가령 E Terray, *Marxism and "primitive societies"* (New York, 1973), pp 139~140을 볼 것.

185 F Engels, *The Origin of the Family*, 앞의 책, p 84.

186 같은 책, p 55.

187 같은 책, p 56.

188 로번(C Fluer Lobban)은 마르크스가 《민속학 노트》에서 "원시적 무규율 개념에 대해 다소 비꼬는 말투"로 썼다고 언급한다. C Fluer Lobban, "Marxist reappraisal of matriarchy", *Current Anthropology*, June 1979, p 347을 볼 것.

189 F Engels, *The Origin of the Family*, 앞의 책, pp 65~66.

190 같은 책, p 88.

191 캐런 색스가 정확히 이 점을 지적한다. *Sisters and Wives*, 앞의 책, p 104을 볼 것.

192 이것은 게일리의 주장을 요약한 것이다. 요약하는 과정에서 내가 보기에 약간 불명료한 주장을 나름대로 손봤을 가능성이 있다. C Gailey, *Kinship to Kingship*, 앞의 책, px을 볼 것.

193 V Gordon Childe, *What Happened in History*, 앞의 책, pp

52~53.

194 같은 책, p 59. 고든 차일드는 나중에 '모권제' 단계에 대해 더 회의적이게 된 것으로 보인다. 그의 *Social Evolution*, 앞의 책, pp 66~67을 볼 것.

195 V Gordon Childe, *What Happened in History*, 앞의 책, p 72.

196 E Friedl, *Women and Men*, 앞의 책, p 54.

197 같은 책, p 9.

198 같은 책, p 17.

199 같은 책, p 59.

200 인구밀도의 증가 때문이다.

201 고든 차일드가 *Social Evolution*, 앞의 책, p 159에서 지적한 점이다.

202 가령 고든 차일드가 이렇게 주장했다(*Social Evolution*, 같은 책, p 67). 그렇다고 해서 그런 사회가 필연적으로 여성이 남성과 평등했던 사회라는 것을 의미하는 것은 아니다(어쨌든 현대 힌두교에도 중요한 여신이 포함돼 있으며, 가톨릭교회에도 성모 마리아에 대한 숭배가 존재한다). 그러나 여신이 최고위에 있을 수 있는 이데올로기와, 여신들이 숭배자들과 지배적 남신 사이에서 매개적 역할을 하는 이데올로기 사이에는 엄청 큰 차이가 존재한다.

203 F Engels, *The Origin of the Family*, 앞의 책.

204 같은 책, p 116.

205 같은 책, p 120.

206 같은 책, p 119.

207 같은 책, p 134~135.

208 L German, *Sex, Class and Socialism* (second edition, Bookmarks, 1994)[국역: 《여성과 마르크스주의》, 책갈피, 2007]을 볼 것. 4장 후주들도 볼 것.

찾아보기

ㄱ

가로날도끼 30

가부장제 160, 161, 164

가울릿, 존(Gowlett, John) 41

《가족, 사적 소유, 국가의 기원》 9, 10, 68, 69, 73, 127, 136, 137, 146, 165, 169, 171

가축 75, 90~92, 110, 114, 119, 153, 155, 156

개코원숭이 22, 24, 25, 28

게일리, 크리스틴 워드(Gailey, Christine Ward) 73, 105, 127, 140, 144, 151, 157

겔너, 어니스트(Gellner, Ernest) 72

계급 분할 68, 77, 78, 93, 122, 146

계급사회 68, 69, 77, 79, 88, 89, 91, 92, 101, 112, 113, 121, 124, 127, 135, 139, 142~144, 149, 150, 156, 163~165

고고학 15, 17, 18, 42, 43, 54, 63, 64, 71, 72, 171

《고대사회》 9

고대 인류 32, 37, 42, 49, 51, 60, 65

고든 차일드, V(Gordon Childe, V) 71, 72, 90, 113, 116~120, 123, 152

고릴라 21, 23, 25, 26, 28, 63, 148

관개 90, 94, 116, 117, 118, 131,

156
관념론 8, 10, 21, 43, 61, 62, 66
구조주의 140, 141, 143, 144
구체적 조작기 48
군장 사회 100, 131
군혼 147
굴드, 스티븐 제이(Gould, Stephen Jay) 45, 52
긁개 30
기계적 유물론 21, 62
깁슨, K R(Gibson, K R) 48

ㄴ

나투프인 109, 110
낙태 95, 107
남비콰라족 100
네안데르탈인 8, 31, 32, 37, 38, 44, 45, 49~52, 58, 61, 65
노예제 84, 91, 92, 164
농경 사회 76, 78, 111, 112
누에르족 101

ㄷ

다윈, 찰스(Darwin, Charles) 9, 15~17, 66

다트, 레이먼드(Dart, Raymond) 17, 33
단속 진화 45, 51, 52
단일 기원설 37
대우혼 147
대인(big man) 98, 99, 123, 125
도시 혁명 113, 114, 115, 156
《독일 이데올로기》 8
두뇌 크기 15, 29, 30, 52, 55
두 발 보행 14~17, 29, 62~64
뒤지개 48, 93, 153, 155
드보어, 어번(DeVore, Irven) 64
뗀석기 48

ㄹ

라 마르슈 동굴 50
라마피테쿠스 19
레비스트로스, 클로드(Lévi-Strauss, Claude) 140
렌프루, 콜린(Renfrew, Colin) 130
리, 리처드(Lee, Richard) 64, 71, 72, 80, 88, 100
리버먼, 필립(Lieberman, Philip) 51

리콕, 엘리너(Leacock, Eleanor) 69, 71, 137, 139, 145, 151, 157

ㅁ

마들렌 문화기 50

마르크스주의 9, 20, 22, 23, 71, 73, 126, 147

마오리족 102

마이셀스, C K(Maisels, C K) 117

말리노프스키, 브로니스와프 (Malinowski, Bronisław) 70

맥그루, 윌리엄(McGrew, William C) 47

메소포타미아 93, 113, 117, 120, 121, 125

멘델, 그레고어 요한(Mendel, Gregor Johann) 9

모건, 루이스 헨리(Morgan, Lewis Henry) 9, 69, 74~77, 87, 146, 147

모계제(모계사회) 140, 141, 145, 158

모권제 141, 149, 153

모처제(모처사회) 140, 141, 158

몽타네족 81

무스티에 문화기 49

문명 단계 75, 121~123

문자 10, 84, 118, 145

《문화의 패턴》 70

미개 단계 75, 76, 90, 91, 147

미드, 마거릿(Mead, Margaret) 70

미케네문명 134

ㅂ

바흐오펜, 요한 야코프(Bachofen, Johann Jakob) 149

베네딕트, 루스(Benedict, Ruth) 70

베르니케 영역 41, 44

벰바족 102

봉건제 164

부계제 158, 160

부사마족 101

부처제 158

분업 16, 72, 86, 116, 129, 138, 152, 155

브로카 영역 41, 44

비옥한 초승달 지대 109, 111

비트포겔, 카를 아우구스트
  (Wittfogel, Karl August) 126
빙하기 19, 32, 58

ㅅ
《사모아인의 성년식》 70
사적 소유 68, 72, 77, 91, 124,
  125
사제 118~121, 123, 124, 157
사회생물학 8, 10, 20, 22, 62,
  171
사회인류학 69, 70
살린스, 마셜(Sahlins, Marshall)
  106
상부구조 96, 133
색스, 캐런(Sacks, Karen) 103,
  140
생산관계 103, 129
생산력 103, 129, 132, 147
생산수단 143, 157, 164, 168
생산양식 99, 103, 124, 164
서비스, 엘먼 로저스(Service,
  Elman Rogers) 128
세습 99
수레 116

수렵·채집 사회 64, 76, 86, 87,
  96, 100~102, 106, 107, 110,
  126, 150, 154~156, 190, 192
수메르문명 133, 153
스트링어, 크리스(Stringer, Chris)
  18, 37, 52
신석기시대 90, 114, 117, 130,
  152, 163
신석기 혁명 90, 113, 114, 152
신전 118, 119, 120, 121, 126
씨족 77, 78, 87, 91

ㅇ
아드리, 로버트(Ardrey, Robert)
  33
아슐 문화기 30, 48
아시아적 생산양식 124
아이작, 글린(Isaac, Glynn) 40,
  43
아프리카 기원설 32, 34, 36
《아프리카의 정치체제》 71
《야만 사회의 성과 억압》 70
언어 14, 15, 38~40, 45, 48, 51,
  52, 58, 60~62
에번스프리처드, 에드워드(Evans-

Pritchard, Edward) 71

엘드리지, 나일스(Niles Eldredge) 45, 52

여성 억압 11, 70, 93, 137, 145, 150, 159, 164, 165

영아 살해 95, 107

오스트랄로피테쿠스 19, 29, 30, 33, 52, 65, 84

오클리, 케네스(Oakley, Kenneth) 67

울프손, 찰스(Woolfson, Charles) 43

워시번, 셔우드(Washburn, Sherwood) 67

원시공산주의 69, 74, 84, 88, 89, 125, 126, 134, 135

원예농업 87, 93, 100, 106, 113, 123, 139, 142, 145, 154

윈, 토머스(Wynn, Thomas) 48

윌슨, 앨런(Wilson, Allan) 36

유물론 8~10, 21, 46, 61, 62, 66

"유인원이 인간이 되는 과정에서 노동이 한 역할" 9, 10, 68, 69, 171

이동 경작 93, 158

이란 113

이로쿼이족 77, 87, 101

이보족 141

이집트 49, 113, 125, 133, 153

인간 본성 9, 23, 34, 76, 89, 102, 149, 165, 171

《인간의 유래》 9

인더스강 93, 113

인도차이나반도 93

일부일처제 137, 148, 164, 166

잃어버린 고리 16, 28, 57

ㅈ

자본주의 69, 70, 88, 121, 134, 135, 144, 145, 165, 169, 171

자연선택 16, 40, 42, 56, 63, 89

재생산 74, 95, 97, 103, 147, 151, 155, 156, 161, 166, 168, 170

쟁기 92, 94, 115, 116, 132, 153, 155~157

저먼, 린지(German, Lindsey) 169

전쟁 34, 78, 83, 104, 105, 114, 117, 120, 129, 132, 155, 157

점진주의 45

조핸슨, 도널드(Johanson, Donald) 17
존스, T B(Jones, T B) 121
《종의 기원》 9
주먹도끼 30, 48
주커먼, 솔리(Zuckerman, Solly) 24
중국 93, 113, 126

ㅊ

초기 호모사피엔스 31, 37, 44
침팬지 21, 23~29, 43, 47, 48, 56, 65, 148

ㅋ

쿠퍼, 애덤(Kuper, Adam) 49
쿵족 80~84, 87, 106
크레타문명 134
키플링, 러디어드(Kipling, Rudyard) 20

ㅌ

태너, 낸시 메이크피스(Tanner, Nancy Makepeace) 40
"털 없는 유인원" 21, 23, 24, 33, 171
테오티우아칸 125, 134

토기 제작 90, 94, 116, 153
통가 97, 105, 144
통혼 87, 96, 99, 161
트리거, 브루스(Trigger, Bruce) 15, 66
티코피아족 102

ㅍ

파슨스, 탤컷(Parsons, Talcott) 70
파커, S T(Parker, S T) 48
파푸아뉴기니 93, 132
평등주의 72, 79, 80, 88, 89, 99, 101, 102
포르테스, 마이어(Fortes, Meyer) 71
포스트모더니즘 62
"포이어바흐에 관한 테제" 8
포족 77
프리드, 모턴(Fried, Morton) 66, 128
프리들, 어니스틴(Friedl, Ernestine) 138, 139, 140, 152, 154
피그미족 82
피그미침팬지(보노보) 21, 25, 27, 28, 148

피아제, 장(Piaget, Jean) 48
필트다운 사건 17

ㅎ
하월, F 클라크(Howell, F Clark) 67
해리스, 데이비드(Harris, David) 130
핵가족 7, 143, 170
행태주의 8, 10

현생 인류 16, 31, 32, 34, 36~38, 40, 42, 44~46, 49~52, 61, 66
호모사피엔스 31, 37, 44, 46, 52, 89
호모에렉투스 30, 32, 42, 44~47, 51, 52, 54, 60, 65
호모하빌리스 29, 39, 41~43, 47, 60, 64, 65, 89
후기 구석기시대 44, 50